O CORDEL NO COTIDIANO ESCOLAR

COMITÊ EDITORIAL DE LINGUAGEM
Anna Christina Bentes
Edwiges Maria Morato
Maria Cecilia P. Souza e Silva
Sandoval Nonato Gomes-Santos
Sebastião Carlos Leite Gonçalves

CONSELHO EDITORIAL DE LINGUAGEM
Adair Bonini (UFSC)
Ana Rosa Ferreira Dias (PUC-SP/USP)
Angela Paiva Dionisio (UFPE)
Arnaldo Cortina (UNESP – Araraquara)
Clélia Cândida Abreu Spinardi Jubran (UNESP – Rio Preto)
Fernanda Mussalim (UFU)
Heronides Melo Moura (UFSC)
Ingedore Grunfeld Villaça Koch (UNICAMP)
Leonor Lopes Fávero (USP/PUC-SP)
Luiz Carlos Travaglia (UFU)
Maria das Graças Soares Rodrigues (UFRN)
Maria Luiza Braga (UFRJ)
Mariângela Rios de Oliveira (UFF)
Marli Quadros Leite (USP)
Mônica Magalhães Cavalcante (UFC)
Neusa Salim Miranda (UFJF)
Regina Célia Fernandes Cruz (UFPA)
Ronald Beline (USP)

Ana Cristina Marinho
Hélder Pinheiro

O CORDEL NO COTIDIANO ESCOLAR

1ª edição 2012

Capa e projeto gráfico: aeroestúdio
Preparação de originais: Elisabeth Matar
Revisão: Ana Paula Luccisano
Composição: aeroestúdio
Coordenação editorial: Danilo A. Q. Morales

Dados Internacionais de Catalogação na Publicação (CIP)
(Câmara Brasileira do Livro, SP, Brasil)

Marinho, Ana Cristina
    O cordel no cotidiano escolar / Ana Cristina Marinho, Hélder Pinheiro. – São Paulo : Cortez, 2012. – (Coleção Trabalhando com... na escola)

Bibliografia.
ISBN 978-85-249-1900-8

1. Literatura de cordel – Brasil. 2. Literatura de cordel – Estudo e ensino. I. Pinheiro, Hélder. II. Título.

12-03394   CDD-398.20981

Índices para catálogo sistemático:
1. Brasil : Literatura de cordel : Folclore 398.20981

Nenhuma parte desta obra pode ser reproduzida
ou duplicada sem autorização expressa do autor ou do editor.

© 2012 by Autores

Direitos para esta edição
CORTEZ EDITORA
R. Monte Alegre, 1074 – Perdizes
05014-001 – São Paulo – SP
Tel.: (11) 3864-0111 Fax: (11) 3864-4290
E-mail: cortez@cortezeditora.com.br
www.cortezeditora.com.br

Impresso no Brasil – abril de 2012

SUMÁRIO

Apresentação 7

Introdução 11

1 Literatura de cordel: história, formas e temas 17
1.1 Da literatura de folhetos à literatura de cordel:
o que dizem os poetas **18**
1.2 Pelejas, folhetos de circunstância, ABCs e romances **26**
1.3 O marco **38**
1.4 A ilustração **45**

2 Literatura de cordel para crianças e jovens leitores 49
2.1 O mundo dos bichos **50**
2.2 Espertezas e malandragens **65**
2.3 Uma viagem fantástica **72**
2.4 Cordel e canção **83**
2.5 A temática social **88**
2.6 A presença do humor **98**
2.7 Personagens históricas **106**
2.8 Adaptações e recriações **116**
2.9 O viés do absurdo **121**

3 Trabalhando com cordel: sugestões metodológicas 125
3.1 De posturas e métodos **125**
3.2 De leituras e atividades **128**

4. Glossário sobre os artistas do cordel 143

Referências 153

Coleção Trabalhando com... na escola 167

APRESENTAÇÃO

É com grande prazer que apresento aos nossos leitores o quinto volume da Coleção *Trabalhando com ... na escola*, que propõe que o cordel, "sinônimo de poesia popular em verso" e uma das mais importantes manifestações da cultura popular brasileira, seja considerado um legítimo objeto de ensino.

Os autores da obra, Ana Cristina Marinho e Hélder Pinheiro, escolheram tratar do cordel porque consideram que "abrir as portas da escola para o conhecimento e a experiência com a literatura de cordel, e a literatura popular como um todo, é uma conquista da maior importância".

Este livro convida os professores de diferentes áreas do conhecimento a compreender e a trabalhar com o cordel na sala de aula, considerando principalmente sua natureza poética, que promove o encantamento, o envolvimento de seus leitores: "os que aprenderam a ler com os folhetos foram primeiro tocados pela fantasia das narrativas, pelo humor de situações descritas, enfim, pelo viés da gratuidade e não pelo pragmatismo de suas informações".

Sendo assim, a obra tem por objetivo promover a experiência da leitura de folhetos de cordel, privilegiando a imersão dos leitores no universo ali construído e, consequentemente, nos pontos de vista dos poetas populares sobre temas socialmente relevantes para a sociedade.

Os autores ressaltam que nem sempre a literatura popular é tratada de forma adequada quando elevada ao estatuto de objeto de ensino. Por isso, a obra apresenta "um conjunto amplo e significativo de sugestões de atividades com folhetos". Mas avisam: o professor "não vai encontrar receitas; antes, encontrará propostas de abordagens que podem e devem ser adaptadas às mais diversas situações e níveis de ensino".

Como forma de dar conta da tarefa a que se propuseram, os autores oferecem, em primeiro lugar, um passeio pela história da literatura de cordel e por seus principais temas, incluindo também informações sobre as formas de ilustração dos folhetos.

Em seguida, organizam uma significativa antologia comentada de textos de cordel, que são apresentados ou integralmente ou por meio de trechos considerados fundamentais para o entendimento da discussão proposta. Em relação a essa parte da obra, os autores ressaltam: "As escolhas e sugestões estão ligadas à nossa experiência de leitores e ouvintes de cordel, além dos anos de trabalho com essa literatura em sala de aula."

Por fim, os autores propõem uma série de sugestões de como abordar a literatura de cordel em sala de aula, privilegiando atividades como a leitura em voz alta, a promoção de debates e discussões sobre determinado folheto, jogos dramáticos, o trabalho com as xilogravuras, a organização de eventos culturais relacionados à produção do cordel etc.

Como disse no início desta apresentação, é um prazer falar sobre esta obra. Um prazer porque está provado que a linguagem poética tem o poder de propiciar experiências estéticas e sociais únicas, de permitir reconhecimentos e diferenças entre indivíduos e culturas, podendo inclusive mudar o rumo de vidas inteiras. Não é à toa que os poetas, populares ou não, foram e ainda são sempre muito vigiados e perseguidos pelos poderosos.

Acreditamos que esta obra representa o primeiro passo dentro da coleção para propostas de trabalho com a dimensão estética, dimensão esta que precisa estar mais fortemente presente nas atividades em sala de aula, mas de forma a possibilitar uma maior, mais contínua e qualificada convivência com os textos literários e com outros bens culturais e artísticos. Mais especificamente, como lembram Ana Cristina Marinho e Hélder Pinheiro, nenhum tipo de literatura, principalmente a literatura poética popular, deve receber um tratamento pragmático, já que "ninguém aprende a gostar de folhetos decorando regras sobre métricas e rimas".

E, exatamente por essa razão, termino esta apresentação com o convite ao leitor para continuar lendo textos de cordel como este a seguir, que compõem a coletânea estudada ao longo desta obra:

Nos caminhos da Educação
(Moreira de Acopiara)

Eu já escrevi cordéis
Falando de Lampião,
Frei Damião, padre Cícero
E outros mitos do sertão,
Mas agora os versos meus
Serão sobre educação.

Só que eu não vou fazer isso
Por causa de um bom palpite,
Mas porque um professor
Me fez o feliz convite.
E sabendo que na vida
Todos temos um limite.

E esse professor me disse:
Bom Moreira, não se enfeze!
Quero que escreva um cordel
Que não tenha tom de tese,
Sobre educação, pra ser
Distribuído no SESI.

Achei a iniciativa
Ser por demais pertinente,
Até porque no Nordeste,

Num passado bem recente,
Cordel alfabetizou
E informou bastante gente.

É que os cordéis sempre são
Histórias bem trabalhadas,
Possuem linguagem fácil,
Estrofes sempre rimadas,
Versos sempre bem medidos,
Palavras cadenciadas.

E eu que nasci no sertão
E no sertão fui criado,
Estou à vontade, pois
De casa para o roçado
Foi através do cordel
Que fui alfabetizado.

Anna Christina Bentes
Coordenadora da Coleção *Trabalhando com ... na escola*
Fevereiro de 2012

INTRODUÇÃO

Quando publicamos *Cordel na sala de aula*, uma década atrás, chamávamos a atenção para uma espécie de crescimento da visibilidade desta literatura em diferentes pontos do país. Editoras e poetas trabalhando intensamente para divulgar folhetos, professores realizando experiências em sala de aula, pesquisas sendo realizadas no âmbito acadêmico. Hoje esse dinamismo pode ser observado nas publicações de antologias de folhetos por grandes editoras, na edição em livro de folhetos de poetas populares, nas diferentes pesquisas sobre o ensino da literatura de cordel e, sobretudo, no aparecimento de inúmeros poetas e poetisas em diferentes pontos do país. Fato importante a ser destacado é a presença cada vez maior de mulheres escrevendo e publicando folhetos.

Todo esse dinamismo precisa ser analisado com cuidado. Fala-se muito da presença da literatura de cordel na escola e existem várias intervenções sendo realizadas, sobretudo em estados do Nordeste. Abrir as portas da escola para o conhecimento e a experiência com a literatura de cordel, e a literatura popular como um todo, é uma conquista da maior importância. Porém, há que se pensar de que modo efetivá-la tendo em vista a formação de leitores.

Acreditamos que a literatura de cordel ou de folhetos deve ter um espaço na escola, nos níveis fundamental e médio, levando em conta as especificidades desse tipo de produção artística. Considerá-la apenas como uma ferramenta que pode contribuir com a assimilação de conteúdos disseminados nas mais variadas disciplinas (história, geografia, matemática, língua portuguesa) não nos parece uma atitude que contribua para a construção de uma significativa experiência de leitura de folhetos.

Os poetas têm total liberdade para abordar quaisquer temas, "cordelizar" conteúdos de língua materna, de geografia, de história, de ciências etc., mas considerar esses conteúdos escolares como literatura nos parece muito pouco. Todo leitor ou ouvinte de literatura de folhetos aprendeu a apreciar este gênero a partir de narrativas de aventura, de proezas, de pelejas, de notícias cheias de invenções, de brincadeiras, da folia da bicharada, dos ABCs, de abordagens bem-humoradas de diferentes temas e situações. Ninguém aprende a gostar de folhetos decorando regras sobre métricas e rimas. Mesmo os que aprenderam a ler com os folhetos, foram primeiro tocados pela fantasia das narrativas, pelo humor de situações descritas, enfim, pelo viés da gratuidade e não pelo pragmatismo de suas informações.

No plano metodológico, o livro *Cordel na sala de aula* passou por algumas alterações: substituímos alguns folhetos e houve um acréscimo significativo de sugestões de abordagem de novos folhetos. Neste sentido, privilegiou-se, sempre que possível, uma abordagem comparativa entre folhetos de diferentes autores e épocas e entre folhetos e outras obras literárias. Do ponto de vista da abordagem, manteve-se a perspectiva de que o objetivo de levar os folhetos para a sala de aula não é o de formar poetas e sim leitores. Acreditamos que os poetas se formam a partir de uma ampla e significativa experiência de leitura e se a escola contribuir com esta formação estará cumprindo seu papel. Também não apresentamos uma exaustiva história da literatura de cordel, evitando o equívoco do ensino da literatura brasileira no nível médio, que praticamente não possibilita a convivência com os textos, detendo-se na memorização de características dos estilos de época. A partir da leitura de folhetos de poetas e poetisas de diferentes épocas, o aluno poderá buscar novas vivências e conhecimentos.

O professor-leitor terá acesso neste livro a um conjunto amplo e significativo de sugestões de atividades com folhetos. Mas não vai encontrar receitas, antes, encontrará propostas de abordagens que podem e devem ser adaptadas às mais diversas situações e níveis de ensino. Prioriza-se sempre a leitura dos folhetos, daí a indicação, ao final, de alguns endereços para aquisição das obras e para contato direto com poetas e poetisas.

O livro foi pensado em três partes que, mesmo podendo ser lidas separadamente, completam-se. No primeiro capítulo percorremos um pouco da história da literatura de cordel, suas formas predominantes e seus temas. Procurou-se nesta parte do trabalho oferecer informações básicas, disseminadas em muitos estudos, além daquelas veiculadas em vários folhetos que tematizaram as formas e a história do cordel. Também incluímos algumas informações sobre diferentes modos de ilustração dos folhetos ao longo de sua história.

No segundo capítulo, oferecemos um amplo quadro de temas presentes na literatura de cordel que podem ser trabalhados por pais e professores. Trata-se de uma espécie de antologia comentada com folhetos ora integrais ora fragmentados, e indicações de leitura de outros folhetos. Temos plena consciência de que muitas outras narrativas em verso poderiam ser acrescidas. As escolhas e sugestões estão ligadas à nossa experiência de leitores e ouvintes de cordel, além dos anos de trabalho com essa literatura em sala de aula.

No último capítulo, apresentamos algumas sugestões de abordagem da literatura de cordel preferencialmente em sala de aula. Como o leitor verá, não são questões de interpretação de texto, mas orientações para discussão, comparações entre diferentes cordéis e até mesmo entre os folhetos e outras obras artísticas. Não se trata, portanto, de um manual a ser seguido de modo dogmático. O que apresentamos são atividades mais dinâmicas e envolventes que possibilitem uma convivência maior com as obras e que exigem, por sua vez, mais envolvimento do profissional de ensino.

Além da bibliografia básica, divulgamos alguns lugares onde há bibliotecas de cordel, pontos de venda de folhetos, além de endereços de *sites* e *blogs* que disponibilizam folhetos e informações sobre os poetas. Achamos que é de suma importância comprar os folhetos e levá-los para a sala de aula. O preço é sempre bem acessível e favorece, inclusive, a criação de uma biblioteca de cordel na escola.

Com relação às notas sobre autores e folhetos que acompanham todos os capítulos, é importante salientar que ainda não temos uma tradição de documentação deste tipo de produção artística. Os próprios folhetos, sobretudo os mais antigos, nem sempre trazem indicação de local e ano de publicação. Como muitos folhetos foram retirados de antologias, ficou difícil especificar o número de páginas (8, 16, 32 ou 64), característica da publicação original. Trabalhamos quase somente com folhetos de oito páginas que são predominantes na atualidade. Lançamos mão, na maioria da vezes, do pioneiro trabalho de José Alves Sobrinho e Átila Almeida (1978), e de antologias, como a organizada por Manoel Cavalcante Proença (1986).

No capítulo XXII de *Dom Casmurro*, intitulado "Sensações alheias", Bentinho, depois de uma conversa com prima Justina, em que elogia com entusiasmo sua jovem namorada, percebe que a prima se envolve com a cena dos elogios a ponto de o narrador afirmar que os olhos dela, quando ele falava, "pareciam apalpar-me, ouvir-me, cheirar-me, gostar-me, fazer o ofício de todos os sentidos". A princípio Bentinho achou que havia se entregado, denunciado seu amor, mas depois o narrador, já adulto, é que conclui: "Creio que prima Justina achou no espetáculo das sensações alheias uma ressurreição vaga das próprias. Também se goza por influição dos lábios que narram." Esta última frase nos parece de suma importância para nós, leitores. A experiência alheia alçada ao nível do símbolo artístico nos convida ao prazer da leitura. Está aí, possivelmente, um ponto de partida para o trabalho com a literatura: pensar com os próprios alunos sobre estas experiências de alegria que nascem dos *lábios* que narram, que encenam, que pelejam, que protestam, que dão voz e corpo aos sonhos e emoções.

1. LITERATURA DE CORDEL: HISTÓRIA, FORMAS E TEMAS

No Brasil cordel é sinônimo de poesia popular em verso. As histórias de batalhas, amores, sofrimentos, crimes, fatos políticos e sociais do país e do mundo, as famosas disputas entre cantadores, fazem parte de diversos tipos de texto em verso denominados literatura de cordel.

Como toda produção cultural, o cordel vive períodos de fartura e de escassez. Hoje existem poetas populares espalhados por todo o país, vivendo em diferentes situações, compartilhando experiências distintas, mas no final do século XIX e início do século XX, o cordel fazia parte da vida de nordestinos que viviam no campo, dependendo da agricultura ou ainda nas cidades, com seus pequenos comércios.

A virada do século XIX no Brasil foi marcada por mudanças que afetaram sobretudo os trabalhadores que viviam no campo, em condições de dependência e favor. A crise que atravessava os vários setores da sociedade tornou visível a situação de exclusão das camadas mais pobres da população. Mudavam as relações de trabalho e os homens pobres e livres buscavam nas cidades novas possibilidades de subsistência.

Os primeiros escritores de folhetos que saíram do campo em direção às cidades levavam consigo a esperança por melhores dias e as lembranças de contos e histórias de príncipes e princesas, reinos distantes, homens valentes e mocinhas indefesas, além das canções dos violeiros e repentistas que viajavam pelas fazendas animando festas e desafiando outros cantadores. Vivendo nas cidades, os poetas começaram a transpor para o papel todo este universo de experiências. Além dos contos e cantorias de viola, estavam guardados na memória o som dos maracatus, dos reisados, do coco, da embolada. É essa cultura, influenciada pelos ritmos afro-brasileiros, pela mistura entre rituais sagrados e profanos, que faz do cordel uma produção cultural distinta das outras.

O folheto vai para as ruas e praças e é vendido por homens que ora declamam os versos, ora cantam em toadas semelhantes às tocadas pelos repentistas. São nordestinos pobres e semialfabetizados que entram no mundo da escrita, das tipografias, da transmissão escrita e não apenas oral. A poesia popular, antes restrita ao universo familiar e a grupos sociais colocados à margem da sociedade (moradores pobres de vilas e fazendas, ex-escravos, pequenos comerciantes etc.), ultrapassa fronteiras, ocupa espaços outrora reservados aos escritores e homens de letras do país.

Esta história já foi contada pelos poetas e é partir deles que retomamos o fio da meada. Esclareceremos, ao longo do texto, alguns aspectos, apresentando outros, em um passeio pelas formas e temas desta produção cultural conhecida atualmente por literatura de cordel.

1.1 Da literatura de folhetos à literatura de cordel: o que dizem os poetas

A expressão "literatura de cordel" foi inicialmente empregada pelos estudiosos da nossa cultura para designar os folhetos vendidos nas feiras, sobretudo em pequenas cidades do interior do Nordeste, em uma aproximação com o que acontecia em terras portuguesas.

Xilogravura de José Lourenço

Em Portugal, eram chamados cordéis os livros impressos em papel barato, vendidos em feiras, praças e mercados. Segundo Márcia Abreu, a literatura de cordel portuguesa "(...) abarca autos, pequenas novelas, farsas, contos fantásticos, moralizantes, histórias, peças teatrais, hagiografias, sátiras, notícias... além de poder ser escrita em verso ou sob a forma de peça teatral" (ABREU, 1999, p. 21).

Os cordéis portugueses, diferentemente dos folhetos brasileiros, eram escritos e lidos por pessoas que pertenciam às camadas médias da população: advogados, professores, militares, padres, médicos, funcionários públicos, entre outros. Em muitos casos, os cordéis eram comprados por uma pessoa letrada e lidos para um público não letrado, situação que se reproduz aqui no Brasil, onde os folhetos eram consumidos coletivamente.

Rodolfo Coelho Cavalcante,[1] no folheto *Origem da literatura de cordel e sua expressão de cultura nas letras de nosso país*, estabelece a diferença:

> Na França, também Espanha
> Era nas bancas vendida,
> Que fosse em prosa ou em verso
> Por ser a mais preferida
> Com o seu preço popular
> Poderia se encontrar
> Nas esquinas da avenida.
>
> No Brasil é diferente
> O cordel-literatura
> Tem que ser todo rimado
> Com sua própria estrutura
> Versificando em sextilhas
> Ou senão em setilhas
> Com a métrica mais pura.

No Brasil, durante muito tempo, poetas e editores continuaram escrevendo folhetos e assim os chamando, mas o uso do termo cordel se generalizou e hoje os próprios poetas se reconhecem como *cordelistas*.

José da Costa Leite no folheto *Sertão, folclore e cordel*, estabelece a seguinte definição:

> Cordel é folheto em versos
> Como Manoel Riachão
> Zezinho e Mariquinha
> Juvenal e o Dragão
> Os aventureiros da Sorte
> José de Souza Leão.
> Narciso e Iracema
> Jacinto e Esmeraldina
> O Príncipe Roldão e Lídia
> Juvenal e Jovelina

---

1 Os nomes dos artistas do cordel estão grifados em laranja, remetendo ao Glossário elaborado sobre eles ao final desta obra.

As Proesas de João Grilo
Princesa da Pedra Fina.

Rogaciano e Doroteia
O Herói João de Calais
E a Princesa Constança
Batalha de Ferrabraz
A Prisão de Oliveiros
Zé Garcia e outros mais.

Alguns nomes parecem ter vindo de outras terras, outros mares, mas as histórias se passam aqui mesmo, entre fazendeiros e moradores, nas caatingas e fazendas de gado. Aparecem reinos distantes, com seus reis e rainhas, príncipes e batalhas, mas também estão presentes Zezinho e Mariquinha, Iracema e João Grilo, em uma mistura bem própria da nossa cultura. Para entrar nesse mundo de aventuras, algumas vindas da Europa, na mala dos viajantes, outras gestadas aqui mesmo, no sertão do Brasil, basta ler os folhetos de Leandro Gomes de Barros (*História de Juvenal e o dragão, Princesa da Pedra Fina, A batalha de Oliveiros e Ferrabrás, A prisão*

Xilogravura de José Lourenço

de Oliveiros), que também imortalizou a figura de Manoel Riachão, famoso cantador de viola que desafiou até o diabo; de José Costa Leite (*Os aventureiros da sorte, Rogaciano e Doroteia, Narciso e Iracema, Jacinto e Esmeraldina, O príncipe Roldão e Lídia*), além de outros títulos, considerados clássicos da literatura de cordel no Brasil, como *Zezinho e Mariquinha*, de Silvino Pirauá; *José de Souza Leão*, de João Ferreira de Lima; *A triste sorte de Jovelina*, de Sátiro Xavier Brandão; *As proezas de João Grilo*, do já citado João Ferreira de Lima; *Romance de João de Calais*, de José Bernardino da Silva; *História do valente Zé Garcia*, de João Melquíades Ferreira da Silva.

As características dos folhetos são definidas no período que vai desde o final do século XIX até as duas primeiras décadas do século XX. Leandro Gomes de Barros inicia a publicação de seus livros em 1893 e é seguido por Francisco das Chagas Batista e João Martins de Athayde. Neste período também são estabelecidas as regras de composição e comercialização das obras e se constitui um público.

Xilogravura de José Lourenço

Os folhetos, que no início eram produzidos em tipografias de jornal, passaram com o tempo a ser impressos em tipografias dos próprios poetas. Leandro Gomes de Barros criava, publicava e vendia seus versos, garantindo com essa atividade o seu sustento e da família. Francisco das Chagas Batista era conhecido por suas viagens pelas cidades do interior da Paraíba e de outros estados do Nordeste, onde vendia folhetos e miudezas, e também por sua "Livraria Popular Editora", criada em 1913 e que foi responsável pela edição e venda de folhetos de muitos poetas da região. Na Paraíba e em Pernambuco, até os anos 1930, chegaram a funcionar 20 tipografias.[2]

A venda dos folhetos se fazia nas ruas ou através do correio e, a partir de 1920, os livrinhos começam a ser encontrados nos mercados públicos. No início, o próprio autor se encarregava da venda, mas, com o tempo, passaram a existir os agentes revendedores. No folheto *Os mestres da literatura de cordel*, de Antônio Américo de Medeiros, ficamos sabendo um pouco mais sobre essa história:

> Leandro que não cantava
> diariamente escrevia
> publicando os seus folhetos
> foi crescendo dia a dia.
> Criou o revendedor
> que de feira em feira vendia.
>
> Aqueles revendedores,
> vendendo de feira em feira,
> os folhetos de Leandro
> cobriram toda ribeira,
> do litoral ao sertão,
> foi de fronteira a fronteira.

---

2 Estas e outras informações sobre as características gráficas e editoriais dos folhetos são resultado da pesquisa feita por Ruth Brito Lemos Terra e publicada com o título *Memória de lutas: literatura de folhetos do Nordeste (1893 a 1930)*. Em pesquisa mais recente, Rosilene Alves de Melo (2010) acompanhou a trajetória da tipografia Lira Nordestina, de Juazeiro do Norte, ao longo de quase 60 anos. A autora aponta peculiaridades do processo de criação e distribuição dos folhetos de cordel em seu período áureo.

Xilogravura de José Lourenço

E com dois anos já tinha
a sua tipografia
fazendo por conta própria
folhetos como queria.
Deu emprego a muita gente
vendendo na freguesia.

(...)

Ataíde bom poeta
Cordelista e editor
Da produção de Leandro
Ele foi o comprador.
Pagou seiscentos mil réis,
Na época, um alto valor.

João Martins de Ataíde
Comprou a tipografia

Com todos originais
que a viúva possuía.
E organizou a gráfica
da forma que pretendia.[3]

João Martins de Athayde, como narrou Antônio Américo, comprou os direitos de publicação de toda a obra de Leandro Gomes de Barros, transformando-se assim em um *editor proprietário*. Esta forma de edição gerou muita confusão porque, em alguns casos, o nome do autor desaparecia das capas dos folhetos restando apenas o nome do editor. Para evitar dúvidas em relação à autoria dos versos, os escritores passaram a colocar seus nomes nas últimas estrofes dos poemas, na forma de acrósticos. Eis um exemplo de acróstico, presente no folheto *Origem da literatura de cordel e sua expressão de cultura nas letras de nosso país*, de Rodolfo Coelho Cavalcante:

Romances de bons trovadores
Os temas são divulgados
Dentro das nossas tevês
Os seus casos bem narrados,
Livros bons de folcloristas
Falam sobre os cordelistas
Os seus nomes consagrados.

Com o seu nome gravado nas letras iniciais da última estrofe do folheto, Rodolfo garantia a autoria do poema. Os problemas relativos à autoria dos folhetos já não existem nos dias de hoje, mas o acróstico permanece como uma composição poética que caracteriza esse tipo de produção literária.

Na década de 1920, graças à atuação de João Martins de Athayde, as características gráficas dos folhetos foram estabelecidas: 8 a 16 páginas, para as pelejas e poemas de circunstância; 24

---

3 Folheto de 16 páginas, publicado pela Editora Tupynanquim, Fortaleza, CE, s.d. O folheto apresenta dezenas de poetas populares, sobretudo os que produziram nas seis primeiras décadas do século XX.

a 56 páginas para os romances. Para a publicação de uma peleja de 16 páginas, por exemplo, eram necessárias apenas duas folhas de papel de tamanho ofício.

1.2 Pelejas, folhetos de circunstância, ABCs e romances

Os desafios aparecem nos cordéis em uma reprodução do que acontecia nas feiras e casas dos cantadores de viola. Nos folhetos recebem o nome de *pelejas*. Segundo Maria Ignez Novais Ayala:

> Embora a literatura de folhetos se defina como um sistema de produção específico, tem seus pontos de contato com a literatura oral, no caso o repente. Há certa identidade, principalmente no que diz respeito ao tipo de estrofe mais usado no folheto e na cantoria, que é a sextilha,[4] mantendo-se o mesmo tipo de rima, métrica e construção geral dos versos na estrofe. Na peleja, um dos gêneros do folheto, a relação com o oral é mais marcante, pois ela é escrita a partir de modalidades do repente (AYALA, 1988, p. 103).

Nesse tipo de folheto, cada poeta mostra suas habilidades no verso e tenta depreciar o oponente. As *pelejas* podem basear-se em desafios reais ou imaginários e geralmente são escritas em versos de sete sílabas. Quando escrita, a descrição da luta é antecedida por uma pequena introdução em que são apresentados os cantadores, o lugar da disputa, o público e os antecedentes, como se pode observar na *Peleja de cego Aderaldo com Zé Pretinho do Tucum*,[5] de Firmino Teixeira do Amaral, cujo início é narrado pelo próprio cego Aderaldo:

---

[4] Sextilha é o tipo de estrofe predominante na literatura de cordel. Composta de seis versos de sete sílabas (redondilha maior), este modelo de estrofe traz rimas no 2º, 4º e 6º versos. Poetas românticos, como Gonçalves Dias, cultivaram este tipo de estrofe. Há, porém, outros modelos de sextilhas, embora não cultivados na literatura popular.

[5] Trata-se de um clássico do gênero peleja. De fato nunca houve esta peleja, embora o cego Aderaldo tenha sido grande cantador. Quanto ao Zé Pretinho, sabe-se, segundo Almeida e Sobrinho (1978), que havia um Zé Pretinho no Crato e outro em Pernambuco. O folheto tem 16 páginas e "há edição em seu nome publicada em Recife com data de 30-10-1923" (ALMEIDA E SOBRINHO, op. cit., p. 62). Atualmente há várias edições deste folheto.

Apreciem, meus leitores
uma forte discussão
que tive com Zé Pretinho
um cantador do sertão
o qual no tanger do verso
vencia qualquer questão.

(...)

Quando cheguei em Varzinha
foi de manhã bem cedinho
então o dono da casa
me perguntou sem carinho
cego, você não tem medo
da fama do Zé Pretinho?

Eu lhe disse: não senhor
mas de verdade eu não zombo
mande chamar esse preto
qu'eu quero dar-lhe um tombo
ele vindo, um de nós dois
hoje há de arder o lombo
(...)

O preto vinha na frente
todo vestido de branco
seu cavalo encapotado
com um passo muito franco
riscaram de uma só vez
todos no primeiro arranco

Saudaram o dono da casa
todos com muita alegria
o velho bem satisfeito
folgava alegre e sorria;
vou dizer o nome do povo
que veio pra cantoria.

Observemos agora, ainda na mesma *peleja*, um dos momentos em que os cantadores estão duelando:

P. – Cego, eu creio que tu és
da raça de sapo sunga
cego não adora a Deus
o Deus de cego é calunga
aonde os homens conversam
o cego chega e resmunga

C. – Zé Preto, não me aborreça
com o teu cantar ruim
o homem que canta bem

não trabalha em verso assim
tirando as faltas que tem
botando em cima de mim

P. – Cala-te, cego ruim
cego aqui não faz figura
cego quando abre a boca
é uma mentira pura
o cego quanto mais mente
inda mais sustenta a jura.

C. – Este negro foi escravo
por isso é tão positivo
quer ser na sala de branco
exagerado e ativo
negro da canela seca
todo ele foi cativo

Os combates podem seguir para o lado da *ciência* (exposição de conhecimentos adquiridos com a leitura de livros de Geografia, Astrologia, História...) ou da detratação mútua.

Existem muitos desafios entre cantadores famosos, transpostos para os folhetos, mas um deles se transformou quase em uma lenda. Foi o que aconteceu entre os paraibanos Francisco Romano e Inácio da Catingueira. A luta teve como vencedor Romano que, usando de ciência, atropela o adversário com uma lista de nomes retirados da mitologia greco-latina. Vejamos as últimas estrofes do folheto *A primeira peleja de Romano do Teixeira com Inácio da Catingueira*,[6] de Silvino Pirauá de Lima:

Romano
Latona, Cibele e Réa
Iris, Vulcano e Netuno
Minerva, Diana e Juno
Anfitrite e Androceia

---

6 Esta importante peleja, de acordo com um de seus editores, o poeta Antônio Américo de Medeiros, foi publicada em 1903 pelo autor. Trata-se de um folheto de 16 páginas em sextilhas setissilábicas.

Vênus, Climene, Amalteia
Plutão, Mercúrio e Teseu
Júpiter, Zoilo e Perseu
Apolo, Ceres, Pandora
Inácio desata agora
O nó que Romano deu

Inácio
Seu Romano deste jeito
Eu não posso acompanhá-lo
Se desse um nó em martelo
Ia ver eu desatá-lo
Mas como foi em ciência
Cante só que eu me calo

Graciliano Ramos, escrevendo sobre a famosa disputa, toma partido de Inácio e afirma: "Inácio da Catingueira, que homem! Foi uma das figuras mais interessantes da literatura brasileira apesar de não saber ler. Como os seus olhos brindados de negro viam as coisas! É certo que temos outros sabidos demais. Mas há uma sabedoria alambicada que nos torna ridículos" (RAMOS, 1976, p. 121). O romancista lamenta que no Brasil os descendentes de Inácio sejam em menor número do que os que seguem a ciência de Romano, com suas "estrofes malucas" e "sabedoria obtida vagarosamente, inútil em geral, mas preciosa em momentos de aperto" (p. 73). Outra *peleja* também muito conhecida é a *Peleja de Manoel Riachão com o diabo*,[7] de Leandro Gomes de Barros.

No ano de 2005 um grupo de poetas da cidade de Recife, Pernambuco, criou um espaço para a realização de pelejas em am-

---

[7] Trata-se de uma longa e imaginária peleja que teria ocorrido na cidade de Açu-RN. Na edição da Editora Luzeiro são 16 páginas, mas no modelo tradicional são 32. Destaque-se que o diabo é *negro* e só é vencido pelo cantador Manoel Riachão quando este pede auxílio a Nossa Senhora. A peleja traz elementos da cultura popular, saberes bíblicos, sobre a natureza, geográficos etc. Manoel Riachão teria sido um "cantador que atuou entre a Paraíba e o Rio Grande do Norte" no final do século XIX e início do século XX, segundo Almeida e Sobrinho (1978, p. 237). Dois estudos sobre a peleja merecem destaque: primeiro, o de Jerusa Pires Vara que em seu "Um gosto de disputa. Um combate imaginário" estuda a tradição da peleja em uma perspectiva mais ampla; o segundo é um capítulo do livro sobre Patativa de Assaré, de Cláudio Henrique Sales Andrade, denominado "O desafio brasileiro: variantes literárias dos desafios de cantadores na obra de Patativa do Assaré".

biente virtual. O projeto é chamado Corda Virtual[8] e os poetas, que "dominam as regras da poesia popular", são desafiados a compor estrofes a partir de motes como "A natureza tomou/tudo quanto tinha dado"; "E no visgo do improviso/a peleja é virtual". Vários

---

8 O projeto Corda Virtual está hospedado no *site* <www.interpoetica.com>. O Interpoetica tornou-se, em 2008, um Ponto de Cultura Digital.

poetas, de diferentes partes do país, já participaram dos desafios lançados na rede, entre os quais mencionamos Ivan Souza, Ferreira Filho, Josenir Alves de Lacerda, Carlos Aires, Antonio Rodrigues, Cida Pedrosa, Bráulio Tavares, Suzana Azevedo, entre outros.

Os folhetos possuem outras características formais que se assemelham aos repentes, tais como o mote, tema em forma de verso, proposto aos cantadores durante uma disputa. O mote funciona como uma espécie de refrão. No folheto *Motes e glosas*,[9] Geraldo Gonçalves de Alencar e Patativa do Assaré criam versos a partir de motes os mais variados, tais como: "A desgraça do agregado/é ter um falso patrão"; "Toda criatura humana/tem o seu valor divino"; "Formiga que cria asa/vai por certo se perder". A experiência com os anos de seca aparece no mote "Se benzeu, rezou o credo/e choveu na mesma hora", e nas glosas:

Geraldo

Dona Maria Angelina
aquela pobre viúva
estava doida por chuva
nem que fosse uma neblina
pediu a Virgem divina
dizendo: Nossa Senhora
pode mandar chuva agora
que daqui eu não arredo
se benzeu, rezou o credo
e choveu na mesma hora

Patativa

O velho João Guardanapo
pra todo povo saber,
dizia: faço chover

---

9 Este folheto traz uma singularidade na experiência de Patativa: compor com outro poeta, em um regime de brincadeira, glosas a partir de determinados motes. Segundo Geraldo Alencar, a criação se deu assim: "De um lado da mesa eu, do outro lado Patativa, com seus 87 anos." Geraldo, escrevendo, Patativa, construindo seus versos na memória. Trata-se de um folheto de 16 páginas, dos poucos em que vemos a participação de Patativa do Assaré.

sem precisar chegar sapo
de nuvem nenhum farrapo
mas que a chuva demora
disse e vou provar agora
não sou Deus mas arremedo,
se benzeu, rezou o credo
e choveu na mesma hora.

Os folhetos de circunstância, outra modalidade da literatura de cordel, não podem ser confundidos com o relato jornalístico dos acontecimentos. Nesses folhetos é possível encontrar desde as últimas notícias sobre os acontecimentos políticos do país e do mundo, até histórias curiosas de assassinatos de pessoas famosas ou assombrações que andam pelo sertão. Como escreveu Rodolfo Coelho Cavalcante em seu *Origem da literatura de cordel e sua expressão de cultura nas letras de nosso país*:

> De tudo que acontecia
> No país ia escrevendo...
> Padre Cícero, Lampião,
> Ia o povo tudo lendo.
> Criou hábito no povo
> De ler um folheto novo
> Para a notícia ir sabendo.

Os fatos eram narrados logo depois de acontecidos e por esta razão os *folhetos de circunstância*, também chamados *folhetos de época*, têm um tempo limitado de venda, exceção feita aos que se tornam clássicos, tais como os que versam sobre a morte do padre Cícero, de Getúlio Vargas, de Tancredo Neves, entre outros. O fato de estarem na feira, ouvindo os comentários das pessoas, colocava os poetas em contato com assuntos que interessam ao povo saber, ouvir ou ler nos folhetos. Quando morre algum político ou religioso da região, ou nasce uma criança que faz milagres, logo surge um folheto contando a história.

Exemplos de *folhetos de circunstância* são as narrativas sobre a morte de Dom Hélder Câmara e da princesa Diana. Paulo de Tarso Bezerra Gomes em seu *A morte de Dom Hélder e sua chegada no céu*, retoma alguns momentos da vida do arcebispo de Recife e Olinda, exaltando sempre sua humildade e simplicidade:

>Não quero enterro com luxo
>Isso Dom Hélder pedia.
>Quero tudo muito simples
>Como simples é meu dia
>Em Olinda sepultado
>Com Dom José do meu lado
>Bispo que a mim muito servia.
>
>Os anjos acompanharam
>Dom Hélder em sua viagem
>Uns atrás outros na frente
>Sempre abrindo passagem.
>Levando o missionário
>E num grande itinerário
>Lá chegaram com coragem.

Além dos folhetos que narram fatos do dia a dia existem os *ABCs*, poemas narrativos em que cada estrofe corresponde a uma letra do alfabeto. Os *ABCs* dão conta de um assunto de A a Z e neles cabem vários tipos de histórias, tais como: *ABC dos namorados*,[10] de Rodolfo Coelho Cavalcante, *ABC da cachaça*,[11] de Apolônio Alves dos Santos, *ABC dos tubarões*,[12] de Minelvino Francisco da Silva. Vejamos algumas estrofes do *ABC dos tubarões*:

>A
>Agora vou escrever
>Para todas multidões
>Um folhetinho engraçado
>Pra todas populações,

---

10 O *ABC dos namorados* foi publicado pela Editora Luzeiro, juntamente com mais três ABCs – do amor, do beijo e da dança.

11 O *ABC da cachaça*, de Apolônio Alves dos Santos, é um folheto de 8 páginas, em sextilhas. Predomina o caráter brincalhão do poeta e a enunciação das diferentes situações em que a cachaça pode contribuir, inclusive com os poetas.

12 O *ABC dos tubarões*, como afirma o próprio poeta, é "Um folhetinho engraçado/Pra todas populações". Não temos informação sobre o número de páginas, nem ano de publicação.

A pobreza está queixando
Que está se acabando
Nas presas dos tubarões

B
Bem sabem caros amigos
Que a pobreza hoje em dia
Não tem mais direito a nada
É sofrendo em demasia
Só encontra é Tubarão
Pra tomar seu ganha-pão
Ninguém tem mais garantia

C
Comparo nosso Brasil
Com um verdadeiro mar
E a pobreza à sardinha
Que vive sempre a nadar,
Sem ter alimentações
E os grandes tubarões
Querendo nos devorar

Esse modelo de composição de poemas, que revela o poder de inventividade do poeta, também é encontrado na literatura infantil. Mário Quintana escreveu *O batalhão das letras*, José Paulo Paes, *Uma letra puxa a outra* e Alcides Buss, *A poesia do ABC*. Também na música popular há bons exemplos de aproveitamento das letras do alfabeto como tema poético, entre os quais podemos citar o *Forró do ABC*, de Morais Moreira.

Os *romances* são mais comumente escritos em sextilhas, com rimas em ABCBDB. Nas primeiras estrofes ficamos conhecendo os heróis e heroínas, os vilões, o lugar onde se passa a história, o tipo de história (de luta, aventura, humor, amor, mistério...). Dentre os romances de aventura e amor mais conhecidos e mencionados pelos poetas, podemos citar *Coco verde e melancia*[13] de José Ca-

---

[13] *Coco Verde e melancia* é um clássico dos romances de cordel, uma história de amor capaz de vencer preconceitos e truculências. Publicado pela Editora Luzeiro, 32 páginas, versos de sete sílabas.

melo de Melo Resende, o *Romance do pavão misterioso*,[14] de João Melquíades da Silva. Este último conta a história de um rapaz apaixonado que viaja em um pássaro gigante até o quarto da sua amada. Depois de muitas aventuras, consegue livrar a donzela da tirania do pai, casam-se e vivem juntos para sempre. Misturan-

14 Publicado em Juazeiro do Norte, 34 páginas.

do temas do passado com proezas e façanhas tornadas possíveis com o uso da tecnologia, o romance encanta aos leitores de qualquer época.

Algumas narrativas são inspiradas nas histórias de Carlos Magno[15] ou reproduzem-nas, outras se aproximam mais dos contos mágicos. Os heróis ou são valentes ou ajudados por elementos mágicos, ou têm o "dom da sabedoria" (enganam reis, respondem adivinhações...). O tempo nos romances é "um antigamente não datado", uma Europa imaginária, mas com o desenrolar das narrativas vão surgindo personagens e situações próprias do universo nordestino.[16]

Em relação aos aspectos formais, pode-se ressaltar a presença de poucos personagens e a ausência de descrições detalhadas de paisagens e situações. Não existem restrições temáticas mas os aspectos da vida no Nordeste possuem destaque maior. Também se encontram nos folhetos adaptações de romances e peças teatrais, tais como: *Romeu e Julieta e Iracema* de João Martins de Athayde; *Tereza Batista cansada de guerra*, de Rodolfo Coelho Cavalcante; *A escrava Isaura* de Apolônio Alves dos Santos, entre outras (ABREU, p. 129). Há também uma adaptação de *O menino de engenho*, de José Lins do Rego, realizada por Luis Carlos Rolim de Castro (Lucarocas).

As histórias, embora se passem em um tempo de reis e rainhas, em um país distante, conservam personagens com nomes bem conhecidos: João, Maria, Francisco, José. As paisagens são

---

15 O denominado ciclo carolíngio na literatura de cordel é formado por folhetos como *A batalha de Oliveiros e Ferrabrás*, *A prisão de Oliveiros e seus companheiros*, de Leandro Gomes de Barros, *A morte dos 12 pares de França*, de Marcos Sampaio, *Roldão no Leão de Ouro*, de João Melquíades Ferreira, dentre outros. Estes folhetos tiveram uma enorme popularidade na primeira metade do século XX e muitas estrofes ou episódios completos eram recitados por poetas e pessoas do povo. O acesso a estas narrativas tem origem no livro *História de Carlos Magno e dos doze pares de França*, que, segundo Câmara Cascudo, "foi o livro mais conhecido do povo do interior" (apud KUNZ, 2001, p. 76).

16 Mauro William Barbosa de Almeida, na sua dissertação *Folhetos: a literatura de cordel do Nordeste brasileiro*, Departamento de Ciências Sociais da Faculdade de Filosofia, Letras e Ciências Humanas, USP, 1979, discute as relações entre os temas presentes no cordel e a trajetória de vida dos autores.

nordestinas, as comidas também, assim como os desejos e os sonhos. É sempre bom lembrar que os folhetos eram feitos para serem lidos em voz alta, nas salas das casas ou nas feiras. A aproximação com o universo dos leitores é um recurso usado também pelos contadores de histórias, que envolvem a plateia substituindo os nomes das personagens por aqueles que estão presentes. É comum aparecerem nas narrativas populares orais os nomes dos proprietários das terras na figura de vilões e malfeitores, recurso também utilizado pelos escritos de folhetos.

1.3 O marco

O marco é mais uma forma poética de colocar em xeque a habilidade dos poetas populares. Para o poeta popular, fazer um marco significa "expor os dotes de versar, rimar e construir temas na literatura de cordel", como afirma Luciany Aparecida Alves, na sua dissertação de mestrado.[17] Um dos folhetos mais conhecidos, que segue essa estrutura, é o *O marco brasileiro*,[18] de Leandro Gomes de Barros. Vejamos algumas estrofes do poema para que possamos discorrer sobre essa modalidade de poesia:

O marco brasileiro

Eu edifiquei um marco
Para ninguém derribar
E se houver um teimoso
Que venha experimentar
Verá que nunca fiz coisa
Para homem desmanchar

O marco do velho Barros
É obra desconhecida

---

17 *A encenação do popular*: a literatura de cordel no espaço da migração. João Pessoa: PPGL/UFPB, 2011.
18 MEDEIROS, Irani (Org.). *No reino da poesia sertaneja*. João Pessoa: Ideia, 2002. p. 214-217.

Porque no fundo do mar
A pedra foi escolhida
O objeto maior
Que o homem viu nessa vida

Uma viagem espinhosa
Fiz eu propositadamente
Andei na Ásia Maior
Corri o grande Oriente
A fim de chegar a uma pedra
Que fosse suficiente

Depois voltei ao Egito
Fui ao Nilo procurar
Nas pirâmides do Egito
Não foi possível encontrar
Vim achar perto dos Andes
Porém no fundo do mar

Cento e vinte mil guindastes
Levei para suspendê-la
Noventa submarinos
Para ajudarem erguê-la
Setecentos mil vapores
Quase não podem trazê-la

Dei parte que tinha achado
Ao continente Europeu
França deu-me parabéns
A Rússia me agradeceu
A Áustria felicitou-me
Alemanha me escreveu

A Inglaterra também
Mandou felicitação
Mandou um ministro seu
Trazer-me aqui um cartão
Que dizia muito obrigado
Sua consideração

Afinal aprontei tudo
Pus a pedra em seu lugar
Depois que ficou em prumo
tudo veio apreciar
Quatorze léguas de sombra
Faz ela dentro do março

E essa pedra foi lavrada
Com a maior presunção
Por escultores peritos
De grande habilitação
Tem pequena diferença
Do templo de Salomão

A pedra que forma o marco
Tem três léguas de grossura
Entrou na areia do mar
Dois mil metros de fundura
E da flor d'água p'ra cima
Tem vinte léguas de altura

(...)
Em metade da esplanada
Mandei botar muita terra
Para obter isso assim
Demoli toda uma serra
E então da outra metade
Fiz uma praça de guerra

E essa parte que tem terra
Faz chamar toda atenção
Onde ver-se o grande viço
Que tem a vegetação
Como também a vantagem
Que existe na criação

Ali é belo se ver
Ao despontar da manhã
Que as nuvens devido ao sol
Ficam da cor de romã
Ouvir naquela esplanada
Cantar o guriatã

(...)
A praça de guerra eu fiz
Porém só foi por constar
Porque devido a altura
Lá ninguém pode chegar
da maior peça que houver
Bala não pode alcançar

Fiz no jardim um palácio
Que o mundo não tem igual
Todo cravejado de ouro
E coberto com cristal
O ladrilho de safira
Tudo dali é metal

As portas são de platina
As rótulas são de esmeraldas
de forma que inda à noite
A casa estando fechada
Parece a quem tiver dentro
que vem rompendo alvorada

(...)
Está o marco do velho
Quem quiser pode chegar
Se existir um poeta
Que deseje derribar
Traga ferramenta boa
Está ele aí pode entrar

Agora tem uma coisa
Quem quiser derribar
Se tiver religião
Acho bom se confessar
Porque quem olhar de fora
Deseja logo voltar

Não há nada que o ofenda
Ali é livre a passagem
Porém existe uma coisa
Que tem grande desvantagem
Quem não tiver boa perna
Não vai que perde a viagem

Porém se houver um teimoso
Vá e veja como é
Acho bom logo ao sair
Rezar o ato de fé
Levar três nomes escritos
Jesus, Maria e José

A viagem é perigosa
Devido ao mar ser bem fundo
Porque eu finquei o marco
Num oceano profundo
Quem fizer tenção ir lá
Diga logo adeus ao mundo

O diabo um dia desse
Vou ver isso o que será
Disse ao voltar ao inferno
Quase que eu não volto cá
Num precipício daquele
Um cachorro que vá lá

Um dia que Jeová
Visitou esse jardim
Viu jarros feitos de nuvens
Com muitas rosas e jasmim
Perguntou ao jardineiro
Quem foi que fez isso assim?

Estas tão garbosas flores
Que tem aqui nestes jarros?
Disse um dos operários
Que trabalhava nuns carros
Isso é do velho poeta
Leandro Gomes de Barros

Foi esse o primeiro marco
Que deste que escreve fez
Em vinte e oito de junho
De novecentos e dezesseis
Foi lembrança de um amigo
A pedido de um freguês

O poeta descreve um lugar construído com destreza e habilidade. Nesse lugar os pássaros, as flores, as construções são mais belos. Tudo é grandioso e o mais difícil é construir tudo isto na poesia. É com esse desafio que Leandro Gomes de Barros termina o folheto.[19] Muitos poetas edificaram outros marcos, dentre os quais podemos citar *O marco do meio do mundo*,[20] de João Mar-

---

19 Para uma discussão mais aprofundada sobre essa modalidade da literatura de cordel, consultar o artigo de Luciany Aparecida Alves, "O marco: uma tradição que se refaz", publicado na revista *Boitatá*, Londrina, n. 10, p. 34-53, jul./dez./2010.
20 ALMEIDA, Átila Augusto F. de; SOBRINHO, José Alves. *Romanceiro popular nordestino, marcos e vantagens*. Campina Grande: Grafset – Universidade Regional do Nordeste, 1981.

tins de Athayde; *O marco paraibano*,[21] de José Adão Filho; *O marco feito a machado nordestino*, de Franklin Machado; *O marco do Sabugi*,[22] de Antônio Américo de Medeiros.

O disco *O marco do meio-dia*, lançado em 2005 por Antonio Nóbrega,[23] traz a canção "Poema martelo d'o marco do meio-dia", cuja letra contou com a participação de Ariano Suassuna. A seguir, um trecho da letra dessa música.

> A Bandeira do Sol estrala ao vento
> ere-soa a minha voz de Cantador,
> num protesto do Sonho contra a Dor,
> a pobreza do povo e o sofrimento.
> Nas estrelas do Canto, o pensamento
> ergue um Marco que é só anunciado.
> Nossa sorte de Povo injustiçado
> é vencida por nós ao som da luta,
> e, no meio do palco, o que se escuta
> é o sol da justiça do Sonhado.
>
> Ao final desta Dança bela e forte
> Eu que sou o Cantador, dono da Casa,
> e, com versos de sangue, fogo e brasa,
> forjo o Marco e celebro a minha sorte.
> Na viola, eu vou batendo a Morte
> e assumindo a coroa de Guerreiro.
> Ao cantar meu país, sou o Lanceiro,
> olho o sangue ferido do meu povo
> e sonho, ao meio-dia, um Canto novo,
> levantando este Marco brasileiro.

Antonio Nóbrega e Ariano Suassuna sonham com uma vida diferente para o povo brasileiro, que sofre com a pobreza e a injustiça. O sonho de uma nova vida para esse mesmo povo é fruto de uma luta feita "com versos de sangue, fogo e brasa". O marco,

---

21 Ibidem, 1981.
22 Editora Fundação José Augusto, Natal.
23 Músico de formação erudita, participou do Quinteto Armorial, idealizado por Ariano Suassuna, até seguir carreiro sozinho, fazendo espetáculos que misturam dança, música e *performances* cuja inspiração maior é a cultura popular brasileira.

construído pelos poetas de hoje, faz reverência/referência, nas estrofes finais, ao marco do poeta Leandro Gomes de Barros.

1.4 A ilustração

Os folhetos que hoje podem ser adquiridos nas bancas de jornal, através de sítios e *blogs* na internet, ou nas próprias editoras, trazem nas suas capas duas formas diferentes de ilustração: reproduções de desenhos ou fotos coloridas e xilogravuras de artistas populares.

O uso da xilogravura nas capas dos folhetos não é tão antigo como se imagina. Na década de 1920 os folhetos eram ilustrados com fotos de artistas e clichês de cartões postais. Segundo Luyten, as xilogravuras só aparecem nos folhetos a partir da década de 1940. Para o autor: "O início da xilogravura popular na Literatu-

Xilogravura de José Lourenço

ra de Cordel se deve, sobretudo, à pobreza dos poetas e editores em encontrar clichês de retícula ou outros recursos gráficos para a ilustração das obras" (LUYTEN, 1983, p. 257).

As gravuras talhadas em madeira (imburana, cedro ou pinho) possibilitaram aos artistas populares o domínio de todo o processo de edição dos folhetos. Os desenhos acompanham o conteúdo do folheto. A simplicidade das formas, as cores chapadas, a presença de motivos, paisagens e personagens nordestinas, trans-

portam os leitores para o mundo da fantasia, imprimindo aos reis e rainhas, criaturas fantásticas e sobrenaturais, características que se aproximam do universo de experiências dos leitores.

O interesse pelo trabalho de artistas populares, tais como Ciro Fernandes, Minelvino Francisco da Silva, José Costa Leite, João Antônio de Barros (Jotabarros), Mestre Noza, José Soares da Silva

A peleja de Mocinha da Passira e Aristo José dos Santos
Capa do acervo de Hérlon Cavalcanti

(Dila), entre outros, fez com que as xilogravuras populares passassem a existir independentemente dos folhetos.

Hoje, os maiores centros de produção de xilogravuras populares concentram-se nos estados de Pernambuco e Ceará. Em Caruaru, Dila criou a linogravura, substituindo a madeira por borracha. Em Juazeiro do Norte é possível encontrar na Casa da Gravura os trabalhos de Zé Lourenço, Abraão Batista e Stênio Diniz. Em Bezerros, Pernambuco, José Francisco Borges mantém, junto com seus filhos, um ateliê onde produz e vende suas gravuras e folhetos.

Merece destaque a atuação do poeta e gravador Marcelo Soares. Suas xilogravuras podem ser encontradas em galerias de arte, ilustrando livros de grandes editoras, ou mesmo em vinhetas de telenovelas brasileiras. O artista também ministra cursos em universidades brasileiras e do exterior (França, Portugal e Estados Unidos).

2. LITERATURA DE CORDEL PARA CRIANÇAS E JOVENS LEITORES

Em sua história, os folhetos não se destinavam a nenhum tipo de público em especial. Isto é, não havia cordel para mulheres, para crianças, para adolescentes. Aventuras e histórias fantásticas agradam crianças e jovens em qualquer época e fazem parte de todos os gêneros literários. Folhetos, como *A batalha de Oliveiros e Ferrabrás*, *A donzela Teodora* ou as inúmeras histórias sobre Lampião, eram lidos e recitados para o público em geral.

Hoje, em contextos em que há pouco espaço para uma experiência com a literatura oral mediada pelos adultos, em locais como mercados e feiras, terreiros de casas e alpendres, é preciso pensar novos espaços/situações para apresentar o cordel às crianças e jovens. Percebemos algumas aproximações entre a literatura popular e a recente literatura infantil brasileira. Há, em muitos cordéis, traços como o predomínio da fantasia, inventividade ante situações inesperadas/complexas, musicalidade expressiva, caráter fabular, marcas comuns à literatura para crianças. O humor é presença marcante tanto na poesia para crianças quanto no cordel. Também um filão do cordel que o aproxima à literatura para crianças é a recriação de contos de fadas tradicionais.

Pensando na literatura adequada às crianças, a presença de animais é marca determinante. Neste âmbito, o cordel tem muito material a oferecer, porém, pouco conhecido de pais, professores e educadores em geral.

2.1 O mundo dos bichos

Comentaremos alguns folhetos que retomam o mundo animal e indicaremos outros para que o leitor interessado faça sua descoberta. Um lugar-comum nestes folhetos são as histórias que retomam um certo tempo mítico em que os bichos falavam.

No tempo em que os bichos falavam,[24] de José Francisco Borges, explora com fantasia e humor um conjunto de traços peculiares aos bichos. A esperteza do macaco, a depravação do bode, o sentido do canto de alguns pássaros, mas também as brigas, as desavenças, a inveja e tantas outras marcas comuns à vida humana e que são projetadas nos animais. Não há, na maioria das histórias, um tom moralista como nas fábulas. O caráter lúdico é o que predomina. As histórias de bichos são estruturadas de modo diverso de outros folhetos, ou seja, quase sempre cada estrofe encerra uma situação que não tem necessariamente ligação com as demais. Trata-se, portanto, de uma apresentação do animal em ação. Na escola, nas ocasiões de leitura ou à noite, antes de as crianças dormirem, o cordel poderia ocupar um lugar privilegiado ao lado da literatura infantil.

No tempo em que os bichos falavam

José Francisco Borges

O Sapo com muita fome
foi saindo do barreiro
um batalhão de formigas
lhe enfrentaram no terreiro
e o Sapo com a língua
venceu o cortejo inteiro.

O Macaco é bicho esperto
O Jumento trabalhador
O Macaco é mais alegre
O Jumento mais sofredor
O Jumento sofre calado
O Macaco é chiador.

O Bode é conquistador
E só anda perfumado
E nos atos de amor

---

24 O folheto *No tempo em que os bichos falavam* é um livreto de 52 páginas com uma ilustração específica para cada estrofe. O livro é todo confeccionado pelo poeta. Trata-se de um dos melhores folhetos do gênero, em que se destaca o caráter bem-humorado do poeta.

O Porco é muito calado
O Porco é mais moralista
O Bode é mais depravado.

O Tatu e o **Timbu**
Eram amigos demais
Tatu comia batata
E o Timbu mais voraz
Comia pintinhos novos
O Cachorro corria atrás.

Gambá e o **Papa-Mel**
Foram a festa um certo dia
Gambá não arranjou nada
E cheio de ironia
Destampou o seu perfume
Correu toda bicharia.

O Galo e o Carneiro
Foram cantar num festim
O Galo cantou bonito
Carneiro cantou ruim
O Galo almoçou milho
Carneiro comeu capim.

O Bentiví chama chuva
Anum preto é agoureiro
Quando os bichos falavam
Anum era o seresteiro
E os dois só cantavam bem
Tendo água no barreiro.

O Pato invejava o Pombo
Por ele ser mensageiro
E o Pombo invejava o Pato
Por nadar muito maneiro
Sempre foram bons amigos
Um manzanza outro ligeiro.

A Galinha encontrou-se
Com a velha Tanajura
Deu vontade de comê-la
E beliscou na cintura

Timbu. Em alguns lugares do Nordeste, sobretudo no sertão, o mesmo que gambá

Papa-Mel. Pequeno mamífero carnívoro; irara.

Anum. Ave trepadora, de penas brancas ou pretas e rabo comprido. É vista, ordinariamente, nos roçados, no dorso dos animais, à cata de carrapatos e outros parasitas.

Dizendo ó que sabor
Essa bunda de gordura.

O Morcego era o Vampiro
E só de noite saía
Para sangrar o Cavalo
Com a sua covardia
Sugava o sangue e voava
E na mata se escondia.

Beija-flor disse pra Ema
Porque esse pescoção?
Disse a Ema e tu também
Com o bico de ferrão
Ela aí meteu-lhe o bico
E deixou morta no chão.

O ódio só foi guardado
Pelo Cachorro e o Gato
Mas são menos despeitados
Do que o Gato e o Rato
E depois deram uma festa
Pra acabar o desacato.

Mas depois de muito tempo
Os bichos se reuniram
E os problemas de todos
Com calma ali discutiram
Chegaram a um acordo
E todos eles se uniram.

Na festa todos os bichos
Brincavam entusiasmados
E o Cachorro admirava
Da Cachorra o **penerado**
E já pela meia-noite
Disse vem cá, meu bucado.

Penerado. O mesmo que *peneirado*. Modo de andar se sacudindo, balançando.

O Carneiro muito calmo
Dançava valsa moderna
Bode chamou a Ovelha
Pra perto duma caverna
E quando Carneiro deu fé
Tava os dois tremendo a perna.

O Bode se perfumou
E caiu dentro do salão
Agarrou uma **marrã**
Por detraz de um barricão
Quase acaba a brincadeira
Com a catinga de cão.

Marrã. É o nome dado à cria da ovelha; metaforicamente, pode referir-se à moça jovem, entre 14 e 16 anos aproximadamente.

E nessa noite de festa
Os bichos se "divertiam"
Muitos deles embebedou-se
O Timbu quem mais bebia
E foram acabar a dança
Na manhã do outro dia.

E o Macaco também
Com sua sem-vergonhesa
Dava muitas umbigadas
Nas moças da redondeza
E com uma Macaca moça
Fez-lhe grande safadeza.

Os bichos dançavam em casa
Galo no meio do terreiro
Pegava as franguinhas novas
Levava para o puleiro
A Raposa saiu fora
O Galo correu ligeiro.

O Jumento muito alegre
Deu risadas de estalo
E a Jumenta também
Caiu no meio do embalo
E quando o Burrinho nasceu
Era filho do Cavalo.

O Leão mandou as ordens
Para acabarem a dança
Algumas bichas fêmeas
Saíram coçando a pança
E até agora não fizeram
Outra daquela festança.

Quando a festa terminou
Voltaram as atividades
E muitos deles saíram
Cheios de felicidades
E até hoje inda vivem
Conservando as amizades.

Há um outro folheto, de Manuel Pereira Sobrinho, cujo título também é *Nos tempos em que os bichos falavam*.[25] Como afirma o autor em uma espécie de introdução, "trata-se de uma história fabulosa que conta com detalhes a profissão de cada animal". Ainda conforme o autor, "no começo do mundo os animais falavam e havia festas, convites e política, como hoje em dia fazem os homens".

O folheto de Manuel Pereira pode ser dividido em dois momentos ou duas partes. As primeiras 25 estrofes apresentam uma enorme diversidade de animais e suas respectivas profissões e modos de ser. A partir das estrofes 25 e 26, como já fizera na 1 e 2, o narrador entra na história e põe-se a relatar um caso contado por um macaco (estrofes 27 a 47). Esta segunda parte tem caráter fabular. Trata-se de uma fábula que tem como personagens centrais uma cobra, um caçador e o macaco. Esta parte da história discute a questão: o bem com o bem se paga ou o bem com o mal se paga?

A primeira parte do cordel é a mais rica em inventividade, senso de observação do mundo animal e recolha de situações bem-humoradas. Transcrevemos aqui também algumas estrofes do folheto:

Leão, era rei da terra
A Leoa, era a rainha
O resto dos animais
Tinha o posto que convinha
O Cachorro, era soldado
Sujeito de muita linha.

---

25 São Paulo: Editora Prelúdio, 1959.

Urubu, era marchante
O **Peba**, cavava poço
Xexéu, plantava caroço
De milho numa vazante
Urso, era despachante
Gafanhoto, saltador
Formiga, plantava flor
Lagarta, tinha armazém
Pinto fazia xerém
Teju, era agricultor.

Gambá, vendia perfume
Raposa, era caçadora
Andorinha, era pastora
Cotia, tinha curtume
Besouro, acendia o lume
O Burro, era advogado
O Cavalo, deputado
Rinoceronte, prefeito
Rato, era mau sujeito
Peru, era delegado.

Imbuá, abria estrada
Aranha, era tecedeira
Guará, vendia na feira
Cana muito bem cortada
Borboleta, era empregada
Em uma loja de renda
Caititu, tinha uma tenda
O Pato, era sapateiro
Ganso, tocava pandeiro
Guaxinim, tinha moenda.

O grilo, era cantador
De modinhas e repentes
Cupim trazia correntes
De muito alto valor
Chita, era senador
Da alta reunião
Punaré, era ladrão
Ficava lá na esquina
E o Galo de Campina
Fazendo observação.

Peba. Popularmente, no sertão nordestino, o mesmo que tatu.

Xexéu. Tipo de pássaro da região.

Teju. Possivelmente uma variante de Tejo.

Cotia. Mamífero roedor, com sete espécies no território brasileiro. Vive nas matas e capoeiras, de onde sai à tardinha para alimentar-se de frutos e sementes caídos das árvores.

Caititu. Mamífero de coloração rosada, linha de pelos no pescoço, patas pretas.

Guaxinim. Mamífero carnívoro, parecido com uma raposa.

Punaré. Espécie de rato grande, mora normalmente em locais de pedras e tem o rabo diferenciado do rato em geral por ser mais grosso.

(...)

Elefante governava
Os limites da cidade
Tamanduá, era frade
Com sua lei batizava
Fazia crisma, casava
Calango era fazendeiro
Cabra rico de dinheiro
Lagartixa, era artista
Fazia qualquer conquista
Rumbando pra o mundo inteiro.

Calango. Espécie de lagarto de tamanho pequeno.

Muitos outros folhetos retomam o mundo animal. De Manuel Pereira Sobrinho temos ainda *O casamento do calango com a lagartixa*. Merece destaque *A greve dos bichos*,[26] de Zé Vicente, pseudônimo de Lindolfo Mesquita, poeta paraense. A história se inicia remetendo o leitor para os tempos anteriores ao dilúvio.

Muito antes do dilúvio
Era o mundo diferente,
Os bichos todos falavam
Melhor do que muita gente
E passavam boa vida
Trabalhando honestamente.

Deixando de lado o caráter alegórico do folheto, se lido no contexto do Estado Novo,[27] quando foi produzido, a história de Zé Vicente encanta sobretudo pela beleza de seus versos, pela inventividade das situações representadas. Destacamos, sobretudo, o momento inicial em que nos são apresentadas as profissões dos animais:

Dona aranha era modista,
A Mosca sua empregada

---

26 Folheto publicado no Pará, pela importante editora de folhetos, Guajarina.
27 Período compreendido entre os anos de 1937 e 1945, marcado pela centralização do poder nas mãos do então presidente do Brasil, Getúlio Vargas.

Quando errava no serviço
Levava muita pancada,
Mas no fim de pouco tempo
Já vivia acostumada.

A formiga era sovina
Mas amiga do trabalho
E tinha o seu sindicato
Cada qual lá no seu galho
Acumulando no inverno
Folhas de mato e retalhos.

Tartaruga, pescadora,
Era amiga da Baleia
Tracajá guardava ovos
Nos tabuleiros de areia
Mas a Cobra só sabia
Falar mal da vida alheia.

> **Tracajá.** S.m. 1. Bras. Zool. Tartaruga da fam. dos pelomedusídeos (*Podocnemis unifilis*), encontrada em rios e lagos da região amazônica. [F.: Do tupi *taraka'ya*.]

Naquele tempo existia
Teatro na natureza
Borboleta era querida
Por sua grande beleza,
Era a melhor dançarina
Que se via na redondeza.

Urubu já nesse tempo
Era um grande aviador
Levava a correspondência
Aos bichos do interior
Conduzindo pelos ares
Cartas, postais de valor.

A Coruja era ama seca
Dos filhos do papagaio
Que só viviam chorando
Dentro de um grande balaio,
Com medo de tempestade
De chuva grossa e de raio.

Retomam esse universo mítico do mundo dos animais, *A intriga do cachorro com o gato* e *A festa dos cachorros*, de José Pacheco; *A fábula do peru – num recado à humanidade*, de Josenir Amorim Alves de Lacerda; *O desafio entre o canário e o bem-te-vi*, de Maria Luciene; *As diabruras do homem no país da bicharada*, de Vidal Santos; *O forró da bicharada*, de Apolônio Alves dos Santos; e *O divórcio da cachorra*, de Arievaldo e Klévisson Viana. Não po-

demos esquecer o pequeno, se comparado aos poemas anteriores, mas rico *Cada um no seu lugar*, de Patativa do Assaré, que transcrevemos integralmente.

Cada um no seu lugar

O **cassaco**, de cabreiro
vive vagando aos pinotes
e como não tem dinheiro
leva no bolso os filhotes

Cassaco. Roedor, menor do que um gambá, que ataca de preferência os pintos.

O vaga-lume inocente
fazendo suas defesas,
leva sempre em sua frente
duas lanternas acesas

A lição bastante amiga
que precisamos tomar
é na escola do formiga
ensinando a trabalhar

Diz o **mocho** em seu recanto:
nada aqui acho esquisito,
por aqui eu mesmo canto
para eu mesmo achar bonito

Mocho. Sem chifres, ou com chifres aparados. No contexto do poema, parece referir-se a um tipo de pássaro.

Diz a preguiçosa lesma
exibindo o caracol:
minha vida é sempre a mesma,
não temo chuva nem sol

E a mosca, toda vaidosa,
sobre a carniça dizendo:
não há comida gostosa
igual a que estou comendo

Diz o sapo: dor e mágoa
minha vida não encerra,
quando não quero está na água,
vou passear pela terra

Diz o beija-flor contente:
faço o que outra ave não faz,

eu sei voar para a frente
e sei voar para trás

Diz a aranha prevenida:
sou feliz na vida minha,
teço até ao fim da vida
sem nunca me faltar linha.

No âmbito da poesia escrita para crianças, o mundo dos animais foi motivo trabalhado por inúmeros poetas. Merecem destaque os *Poemas infantis*, de Vinicius de Moraes (que ficaram conhecidos quando musicados e cujo nome passou a ser *A arca de Noé*). *A dança dos pica-paus* e *A televisão da bicharada*, de Sidónio Muralha são obras fundamentais de poetização do mundo animal. Mais recentemente José Paulo Paes ofertou-nos *Olha o bicho*, também explorando esse universo. No âmbito da prosa, a lista aumenta sensivelmente.[28]

A leitura de cordéis para crianças e/ou com as crianças em sala de aula amplia o repertório infantil de convivência com bichos e, sobretudo, sua capacidade de brincar com os ritmos da língua e os voos da fantasia.

Muitos contos de fadas e narrativas de domínio popular foram recontados por poetas populares. Está aí mais uma ponte entre cordel e literatura infantil. Os folhetos a que tivemos acesso foram: *Aladim e a princesa de Bagdá*, de João José da Silva; *Branca de neve e o soldado guerreiro*, de Leandro Gomes de Barros; *O gato de botas e o marquês de Carabás*, de Severino Borges. Contemporaneamente, o poeta Manoel Monteiro adaptou para o cordel *A cigarra e a formiga: uma fábula educativa e atual*, *Chapeuzinho vermelho – versão versejada* e *O gato de botas*.

---

[28] Um excelente levantamento de obras de literatura infantojuvenil, com rápidos comentários sobre cada livro e indicação de série/faixa etária, é o *Guia de leitura para alunos de 1º e 2º graus* (1989), organizado por Maria da Glória Bordini e Vera Teixeira Aguiar. Outra obra interessante, organizada por Tânia M. K. Rösing e Fabiane V. Burlamaque, é *De casa e de fora, de antes e de agora* (2010), que traz vários artigos voltados para a literatura infantojuvenil contemporânea do Brasil e de alguns países da América Latina.

Dentre os vários folhetos voltados para aventuras, festas, desavenças entre os animais, ou mesmo a representação de aspectos curiosos da vida animal, destacamos dois folhetos e uma antologia. O primeiro é *O sabiá da Palmeira*, de Antonio Lucena. A história consiste em mostrar a animação da bicharada "Para ouvir

a sinfonia/do canto do sabiá". O poema apresenta as reações dos mais diversos animais tocados pela voz do pássaro:

> As borboletas paravam
> Nas flores da trepadeira;
> Uma, batendo as asinhas,
> Comentava à companheira:
> "Como é bonito os gorjeios
> Do sabiá da palmeira."

> A **Jandaíra** dizia
> Ao compadre **Mangangá**:
> "Vamos levar um presente
> Do necta do Gravatá
> Lá na copa da palmeira
> Onde canta o sabiá?..."

Jandaíra. Espécie de abelha de mel fino e considerado medicinal.

Mangangá. Besouro preto, grande, barulhento, cuja ferroada é bastante dolorosa.

A leitura integral do folheto com as crianças, destacando a delicadeza com que cada animal se prepara para ouvir o sabiá, pode resultar em uma descoberta da natureza. Pode-se discutir também, de acordo com o nível da turma, a própria função da arte – no caso do canto e da poesia – que estaria ligada à ideia de suspensão, de encantamento.

O segundo folheto é do poeta e xilogravurista Marcelo Soares. Trata-se de *Verde-Gaio: o louro bisbilhoteiro*. O poema ostenta um caráter brincalhão, bem-humorado, como pode ser observado nestas sextilhas:

> Eu já dei uma bicada
> No papo de um avestruz.
> O coitado disse: – Epa!
> E fez o sinal da cruz,
> Só porque ele chamou-me
> De comedor de **cuscuz**.

Cuscuz. Espécie de pão feito de massa de milho ou de arroz (este mais comum no Maranhão), cozido ao vapor de água fervente.

A parte final do folheto narra as aventuras do louro no cinema. Há uma disputa pela prima do papagaio envolvendo Verde-Gaio, Zé Carioca e o Pica-pau. Depois da aventura, Pica-pau convida Verde-Gaio para ir a Hollywood:

> Picapau o sabichão
> Disse logo: Meu amigo
> Irás para Hollywood
> Fazer um filme comigo:
> Eu sou o galã da trama
> E tu és o papa-figo.

Mas Verde-Gaio replica: "Eu disse: – Não é comigo/– Fazer papel de vilão./Na vida real sou fogo,/Porém, no cinema, não." Este folheto se presta muito bem para a realização de encenações e jogos dramáticos.

O acesso das crianças menores à poesia popular pode ser através de sextilhas e outras estrofes isoladas. No meio popular, a circulação de estrofes as mais diversas também fazia parte da formação do gosto pela poesia. Uma hipótese testada e que apresenta bons resultados em sala de aula é a leitura de sextilha cuja temática esteja ligada ao mundo dos pássaros e bichos. A antologia *Pássaros e bichos na voz de poetas populares*, organizada por Pinheiro (2011), oferece aos leitores um número significativo destas sextilhas.[29] A ideia é ler diariamente uma sextilha. Estas leituras podem e devem ser realizadas junto com outros poemas de diferentes poetas. Vejamos alguns exemplos da riqueza deste material:

> O papagaio acha graça
> Fala, canta e assobia
> Quando alguém diz: ô de casa
> Ele sai e dá bom dia
> Recebe o povo do jeito
> Dos donos da moradia
> *(Arnaldo Cipriano)*

> O peru fazia roda
> No terreiro da morada
> E o gatinho seu amigo

---

[29] Veja-se também a recente publicação de Hélder Pinheiro em parceria com o poeta e xilogravurista Marcelo Soares – *Outros pássaros e bichos na voz de poetas populares*. Campina Grande: Editora Bagagem, 2011.

Era muito camarada
Montava-se no peru
E o peru dava risada.
(José Francisco Borges)

O galo foi quem cantou
Quando o salvador nasceu,
O boi perguntou: aonde?
A ovelha respondeu:
Em Belém, Belém, Belém
E o pastor compreendeu.
(Manuel Batista)

2.2 Espertezas e malandragens

Histórias de João Grilo e Pedro Malasartes povoaram a infância e ocuparam o imaginário de muitas crianças nordestinas. Um rei, testando as espertezas desta personagem, esconde na palma da mão um pequeno grilo e pergunta: "'João Grilo, sob pena de morte, diga o que tenho dentro de minha mão.' João, desolado, exclama, mais para si mesmo: 'Pobre grilo, em que mão caíste...' E o rei fascinado, diz: 'Bravo, João Grilo, é mesmo um grilo o que trago na mão.'"

O João Grilo do cordel de João Ferreira de Lima não traz a adivinha citada anteriormente, mas traz muitas outras. *As proezas de João Grilo* é composto por diferentes episódios que vão da infância do herói à vida adulta. Astuto, intuitivo, matreiro, de fato João Grilo se defende como pode das adversidades da vida. Filho de uma viúva pobre, João conhece a necessidade e a insegurança de quem não tem para quem apelar:

A mãe de João Grilo disse:
Choro por necessidades
Sou uma pobre viúva
E tu de menor idade
Até da escola saíste...
João lhe disse: ainda existe
O mesmo Deus de bondade

> A senhora pensa em carne
> De vinte mil réis o quilo
> Ou talvez no meu destino
> Que a força hei de segui-lo?
> Não chore, fique bem certa
> A senhora só se aperta
> Quando matarem João Grilo

Espírito moleque, esta personagem está sempre disposta a pregar uma peça nos poderosos, nos arrogantes, nos injustos. João Grilo representa um desejo de vingança do pequeno contra o grande, vingança simbólica, mas vingança.

A versão de João Martins de Athayde[30] é composta por sete episódios: 1) relata diabruras da personagem em sua infância, com destaque para seu encontro com um vigário; 2) narra a vingança de João Grilo contra um português que o havia denunciado; 3) trata do período em que o herói frequenta a escola e trava disputas com o professor; 4) João Grilo ouve os planos de um grupo de ladrões na floresta e arruma uma estratégia para roubá-los, justificando-se com a conhecida frase: ladrão que rouba ladrão tem cem anos de perdão; 5) João responde às adivinhas do rei e cai em suas graças; 6) João, o mendigo e o duque – neste episódio nosso herói desmascara a falsa justiça do duque; 7) João é recebido na corte de outro rei e usando um disfarce mostra que a importância que lhe dão é uma farsa.

Transcreveremos aqui apenas o episódio inicial:

As proezas de João Grilo

> João Grilo foi um cristão
> que nasceu antes do dia
> criou-se sem formosura
> mas tinha sabedoria
> e morreu antes da hora
> pelas artes que fazia.

---

[30] Existe uma polêmica sobre a autoria do folheto. Há quem sustente que João Ferreira de Lima seria o autor do primeiro episódio, os seguintes teriam sido acrescentados por João Martins de Athayde.

E nasceu de sete meses
chorou no "bucho" da mãe
quando ela pegou num gato
ele gritou: não me arranhe
não jogue neste animal
que talvez você não ganhe.

Na noite que João nasceu
houve um eclipse na lua
e detonou um vulcão
que ainda continua
naquela noite correu
um lobisomem na rua.

Porém João Grilo criou-se
pequeno, magro e sambudo
as pernas tortas e finas
a boca grande e beiçudo
no sítio onde morava
dava notícia de tudo.

João perdeu o pai
com sete anos de idade
morava perto de um rio
ia pescar toda tarde
um dia fez uma cena
que admirou a cidade.

O rio estava de nado
vinha um vaqueiro de fora
perguntou: dará passagem?
João Grilo disse: inda agora
o gadinho do meu pai
passou com o lombo de fora.

O vaqueiro botou o cavalo
com uma braça deu nado
foi sair já muito embaixo
quase que morre afogado
voltou e disse ao menino:
você é um desgraçado!

João Grilo foi ver o gado
para provar aquele ato
veio trazendo na frente
um bom rebanho de pato
os patos passaram n'água
João provou que era exato.

Um dia a mãe de João Grilo
foi buscar água à tardinha
deixou João Grilo em casa
e quando deu fé lá vinha
um padre pedindo água
nessa ocasião não tinha.

João disse: só tem garapa;
disse o padre: d'onde é?
João Grilo lhe respondeu:
é do engenho Catolé;
disse o padre: pois eu quero
João levou uma coité.

O padre bebeu e disse:
oh! Que garapa boa!
João Grilo disse: quer mais?
o padre disse: e a patroa
não brigará com você?
João disse: tem uma canoa.

João trouxe outra coité
naquele mesmo momento
disse ao padre: beba mais
não precisa acanhamento
na garapa tinha um rato
estava podre e fedorento.

O padre disse: menino
tenha mais educação
e porque não me disseste?
oh! natureza do cão!
pegou a dita coité
arrebentou-a no chão.

João Grilo disse: danou-se!
misericórdia, São Bento!
com isto mamãe se dana
me pague mil e quinhentos
essa coité, seu vigário
é de mamãe mijar dentro!

O padre deu uma popa
disse para o sacristão:
esse menino é o diabo
em figura de cristão;
meteu o dedo na guela
quase vomita o pulmão.

Os outros dois personagens famosos por sua esperteza e espírito moleque são Pedro Malasartes e Cancão de Fogo. Sônia Salomão Khéde aproxima Pedro Malasartes ao herói picaresco. O herói pícaro "é aquele que tira proveito das situações, com isso provocando uma lúcida crítica social que abrange vários níveis. Ao contrário do anti-herói ou do herói problemático, que contesta os valores institucionalizados a partir de um projeto ideológico de oponência, o pícaro é amoral, malandro, individualista" (KHÉDE, 1990, p. 85). Os folhetos mais conhecidos destes dois personagens são: *As diabruras de Pedro Malasartes*,[31] de Expedito Sebastião da Silva; *Presepadas de Pedro Malasartes*, de Francisco Sales Arêda; *O quengo de Pedro Malasartes no fazendeiro*, de João Damasceno Nobre; *Vida e testamento de Cancão de Fogo* e *O cavalo que defecava dinheiro*, de Leandro Gomes de Barros; *O encontro de Cancão de Fogo com João Grilo*, de Gonçalo Ferreira da Silva.

---

31 O escritor de literatura infantil Pedro Bandeira (1996) buscou na cultura popular matéria para o seu *Malsaventuras – safadezas do Malasartes*. O livro do escritor paulista traz seis episódios famosos de Malasartes. Sônia Salomão Khéde (1990) aponta vários personagens da literatura infantil que têm as características de Malasartes: *As aventuras de Princês, o príncipe sem medo, O viajante das nuvens, Cadeira de piolho, Venturas e desventuras de Zé Teixeira*.

O dinamismo da cultura, o poder que tem de se renovar, de recriar velhos e significativos temas é uma das marcas da literatura de cordel. Um exemplo curioso são os inúmeros folhetos cujas personagens aplicam *quengadas*[32] para se safar de situações difíceis lançando mão da esperteza. Um folheto do poeta paraibano Antonio Lucena exemplifica bem este fato. Trata-se de *As proezas de João Grilo Neto*, publicado em 2003. A narrativa se inicia trazendo a linhagem do jovem personagem:

> Vicente, o Rei dos Ladrões
> Foi professor de Cancão
> E mestre de Pedro Quenco,
> Outro sujeito enrolão
> Mas de Pedro Malasartes
> Até recebeu lição!

---

[32] Relativo a quengo; passar um quengo é enganar alguém, ludibriar usando da esperteza. O termo é recorrente nos folhetos *Vida e testamento de Cancão de Fogo*, de Leandro Gomes.

Cancão de Fogo, o larápio
Que aprendeu com Vicente
Teve também por discípulo
Outro grande delinquente
Conhecido por João Grilo
Avô do Grilo presente.

Uma sequência didática[33] que contemple a leitura de diferentes folhetos desta estirpe pode favorecer o conhecimento de um tipo popular constante em nossa literatura – que ora se aproxima do herói pícaro, ora da figura do malandro. Um caminho possível seria iniciar com a leitura integral de *As proezas de João Grilo*, de João Ferreira de Lima. A seguir, *As proezas de João Grilo Neto*, de Antonio Lucena. Em que aspectos eles se aproximam? O que, de algum modo, os diferencia? As proezas destes personagens relacionam-se, de algum modo, com a situação social e econômica a que estão ligados desde seu nascimento? Tendo em vista que há uma peça de teatro de Ariano Suassuna que retoma a personagem João Grilo e também um filme inspirado na peça, outra possibilidade de trabalho seria a discussão sobre o modo como a personagem do folheto é acionada/recriada nos diferentes gêneros.

2.3 Uma viagem fantástica

Viagem a São Saruê, de Manuel Camilo dos Santos, oferece-nos um contraponto forte ao modelo de vida que conhecemos. Tudo em São Saruê é farto, rico e bonito. Beleza, fartura e riqueza levam à felicidade nesta cidade encantada em que não há proprietário, nem exploração. A riqueza, portanto, é de todos. Composta por 30 estrofes, quase todas redondilha maior,[34] a narrativa é mar-

---

[33] A sequência didática tem por finalidade propiciar a renovação da forma como o professor de língua materna tem tradicionalmente planejado e organizado a sua prática, bem como auxiliar o aluno a dominar um gênero de texto, permitindo-lhe escrever ou falar de uma maneira mais adequada em uma dada situação de comunicação. Trata-se, pois, de um conjunto de atividades escolares organizadas, de maneira sistemática, em torno de um gênero textual (oral ou escrito), que tem o intuito de facilitar a progressão na aprendizagem de leitura e de escrita (DOLZ, NOVERRAZ e SCHNEUWLY, 2004).

[34] Redondilha maior é a denominação dada ao verso de sete sílabas. Trata-se de um tipo de verso bastante musical, bem próximo à nossa fala. É o tipo de verso mais usado na literatura de cordel e em outras manifestações da cultura popular, como nas emboladas de coco. Este tipo de verso foi bastante cultivado no cancioneiro medieval.

cada por uma linguagem metafórica. A fantasia poética, motivada possivelmente pela vivência e conhecimento de uma realidade de carência e sofrimento, impulsiona o poeta a criar um mundo ideal que em tudo se contrapõe ao real. A natureza em São Saruê é pródiga e ninguém ainda se apossou de seus dons. A referência ao povo, portanto, exalta o bem-estar em que se encontram: "tudo tem felicidade" (E. 13), "o povo vive a gozar" (E. 20), "ali não existe pobre/é tudo rico em geral" (E. 10).

O poema tem uma estrutura bem determinada: 1) as primeiras duas estrofes tratam da ordem do "Doutor mestre pensamento" para que o narrador visite São Saruê; 2) da terceira à nona estrofe temos a descrição da viagem. Aqui algumas imagens lembram as metáforas míticas que povoam a mitologia grega e que estão na *Ilíada* e *Odisseia*.[35] O poeta viaja no tempo e pega "o carro da brisa", "o carro do mormaço" e o "carro da neve". O animismo,[36] portanto, preside muitos momentos do percurso: "aurora abismada", "dia risonho", "brisa mansa", entre outras personificações. A viagem não ostenta dificuldades intransponíveis. Apenas quando toma "o carro do mormaço" é que o viajante sente "do dia o cansaço"; 3) a partir da décima estrofe chegamos a São Saruê, a cidade ideal do poeta. A chegada é deslumbrante:

---

[35] *Ilíada* e *Odisseia*, de Homero, obras épicas da literatura ocidental. São narrativas ricas em ações, diferentes episódios que revelam o caráter, a religião, a guerra, a intervenção dos deuses na vida dos homens, e uma série de outros aspectos da vida do povo grego. A *Ilíada* é composta por cantos "que tratam da briga de Aquiles e Agamenon, de batalhas entre gregos e troianos, de intervenções de deuses a favor ora de um, ora de outro litigante, da amizade de Aquiles com Pátroclo, da confecção das armas de Aquiles, do catálogo dos navios gregos, da luta mortal de Aquiles e de Heitor, do amor paternal de Príamo" (D'ONOFRIO, 1990, p. 28). Já a *Odisseia*, que inicia com o fim da guerra de Troia narrada na Ilíada, trata da "volta acidentada do herói grego Ulisses para sua terra de origem, após a destruição de Troia, mas, dentro desta história encaixante, existe a narração de outras histórias encaixadas, talvez objetos de cantos épicos antigamente separados" (D'ONOFRIO, 1990, p. 28). O leitor poderá ter acesso a estas duas narrativas em cordel. Trata-se de um trabalho muito bem realizado pelo professor e poeta cearense Stélio Torquato Lima (s.d).

[36] Por animismo compreende-se a figura de linguagem que consiste em atribuir qualidades humanas a seres e objetos que não as possuem. Trata-se de um importante recurso de atribuição de sentidos aos objetos e coisas e se constitui em uma espécie de projeção de nossos sentimentos e desejos à natureza em geral.

> Avistei uma cidade
> como nunca vi igual
> toda coberta de ouro
> e forrada de cristal
> ali não existe pobre
> é tudo rico em geral.

Mas deixemos que o leitor percorra a descrição do poeta e passemos ao final. Na penúltima estrofe uma informação importante: "É um lugar magnífico/onde eu passei muitos dias/(...)/ todo esse tempo ocupei-me/em recitar poesias." O trabalho do poeta, no contexto de São Saruê, não aparece ligado à luta pela sobrevivência.

Na última estrofe o poeta denuncia que tudo é fantasia e parece dirigir-se a crianças, pois refere-se "a qualquer um amiguinho". E aqui retoma o mote do convite à venda de seu cordel. O caminho para Saruê só será revelado a quem "me comprar um folhetinho". Adquirir o folheto é, de fato, ter a possibilidade de, através da arte, empreender esta e tantas outras viagens. E, por falar em viagem, é hora de iniciar a sua.

Viagem a São Saruê

> Doutor mestre pensamento
> me disse um dia: –Você
> Camilo vá visitar
> o país São Saruê
> pois é o lugar melhor
> que neste mundo se vê.

> Eu que desde pequenino
> sempre ouvia falar
> nesse tal São Saruê
> destinei-me a viajar
> com ordem do pensamento
> fui conhecer o lugar.

> Iniciei a viagem
> as quatro da madrugada
> tomei o carro da brisa

passei pela alvorada
junto do quebrar da barra
eu vi a aurora abismada.

Pela aragem matutina
eu avistei bem defronte
o irmão da linda aurora
que se banhava na fonte
já o sol vinha espargindo
no além do horizonte.

Surgiu o dia risonho
na primavera imponente
as horas passaram lentas
o espaço incandescente
transformava a brisa mansa
em um mormaço dolente.

Passei do carro na brisa
para o carro do mormaço
o qual veloz penetrou
no além do grande espaço
nos confins do horizonte
senti do dia o cansaço.

Enquanto a tarde caía
entre mistérios e segredos
a viração docilmente
afagava os arvoredos
os últimos raios de sol
bordavam os altos penedos.

Morreu a tarde e a noite
assumiu sua chefia
deixei o mormaço e passei
pro carro da neve fria
vi os mistérios da noite
esperando pelo dia.

Ao surgir da nova aurora
senti o carro pairar
olhei e vi uma praia
sublime de encantar

o mar revolto banhando
as dumas da beira mar.

Avistei uma cidade
como nunca vi igual
toda coberta de ouro
e forrada de cristal
ali não existe pobre
é tudo rico em geral.

Uma barra de ouro puro
servindo de placa eu vi
com as letras de brilhante
chegando mais perto eu li
dizia: – São Saruê
é este lugar aqui.

Quando avistei o povo
fiquei de tudo abismado
uma gente alegre e forte
um povo civilizado
bom, tratável e benfazejo
por todos fui abraçado.

O povo em São Saruê
tudo tem felicidade
passa bem anda decente
não há contrariedade
não precisa trabalhar
e tem dinheiro à vontade.

Lá os tijolos das casas
são de cristal e marfim
as portas barras de prata
fechaduras de "rubim"
as telhas folhas de ouro
e o piso de cetim.

Lá eu vi rios de leite
barreiras de carne assada
lagoas de mel de abelha
atoleiros de coalhada

açudes de vinho do porto
montes de **carne guisada**.

As pedras em São Saruê
são de queijo e rapadura
as **cacimbas** são café
já coado e com quentura
de tudo assim por diante
existe grande fartura.

Feijão lá nasce no mato
maduro e já cozinhado
o arroz nasce nas várzeas
já prontinho e despolpado
peru nasce de escova
sem comer vive cevado.

Galinha põe todo dia
invés de ovos é capão
o trigo invés de sementes
bota cachadas de pão
manteiga lá cai das nuvens
fazendo ruma no chão.

Os peixes lá são tão mansos
com o povo acostumados
saem do mar vem pras casas
são grandes, gordos e cevados
é só pegar e comer
pois todos vivem guisados.

Tudo lá é bom e fácil
não precisa se comprar
não há fome nem doença
o povo vive a gozar
tem tudo e não falta nada
sem precisar trabalhar.

Maniva lá não se planta
nasce e invés de mandioca
bota cachos de beijú
e palmas de tapioca

Carne guisada. Carne cozida com pouco molho.

Cacimbas. Poço ou cisterna de pequena ou grande profundidade, com ou sem paredes de alvenaria. Escavação no leito dos rios para juntar água.

Fazendo ruma. Certa quantidade de alguma coisa.

Maniva. São os galhos da mandioca. Planta-se a maniva cortada para nascer a mandioca.

milho a espiga é pamonha
e o **pendão** é pipoca.

As canas em São Saruê
não tem bagaço (é gozado)
umas são canos de mel
outras açúcar refinado
as folhas são cinturão
de pelica e bem cromado.

Lá os pés de casimira
brim, borracha e tropical
denaycron, belga e linho
e o famoso diagonal
já bota as roupas prontas
próprias para o pessoal.

Os pés de chapéu de massa
são tão grandes e carregados
os de sapatos da moda
têm cada cachos "aloprados"
os pés de meias de sêda
chega vive "**escangalhados**".

Sítios de pés de dinheiro
que faz chamar a atenção
os cachos de notas grandes
chega arrastam pelo chão
as moitas de prata e ouro
são mesmo que algodão.

Os pés de notas de mil
carrega chega encapota
pode tirar-se a vontade
quanto mais tira mais bota
além dos cachos que tem
casca e folhas tudo é nota.

Lá quando nasce um menino
não dá trabalho a criar
já é falando e já sabe
ler, escrever e contar
salta, corre, canta e faz
tudo quanto se mandar.

Pendão. No sentido tradicional, bandeira, estandarte. No meio rural, parte de determinadas plantas que se fixa no seu topo. Exemplo, pendão do pé de milho.

Escangalhados. Em desordem, desmantelado. No poema, os "pés de meia" já vêm abertos, desarrumados.

Lá não se vê mulher feia
e toda moça é formosa
bem educada e decente
bem trajada e amistosa
é qual um jardim de fadas
repleto de cravo e rosa.

Lá tem um rio chamado
o banho da mocidade
onde um velho de cem anos
tomando banho a vontade
quando sai fora parece
Ter vinte anos de idade.

É um lugar magnífico
onde eu passei muitos dias
bem satisfeito e gozando
prazer, saúde, alegrias
todo esse tempo ocupei-me
em recitar poesias.

Lá existe tudo quanto é de beleza
tudo quanto é bom, belo e bonito,
parece um lugar santo e bendito
ou um jardim da divina Natureza:
imita muito bem pela grandeza
a terra da antiga promissão
para onde Moisés e Aarão
conduziam o povo de Israel,
onde dizem que corria leite e mel
e caía manjar do céu no chão.

Tudo lá é festa e harmonia
amor, paz, benquerer, felicidade
descanso, sossego e amizade
prazer, tranquilidade e alegria;
na véspera de eu sair naquele dia
um discurso poético, lá, eu fiz,
me deram a mandado de um juiz
um anel de brilhante e de "rubim"
no qual um letreiro dizia assim:
– é feliz quem visita este país

> Vou terminar avisando
> a qualquer um amiguinho
> que quiser ir para lá
> posso ensinar o caminho
> porém só ensino a quem
> me comprar um folhetinho.

Outros folhetos que apresentam também esse caráter utópico são: *O rouxinol encantado*, de Manuel Pereira Sobrinho e *O romance do homem que enganou a morte no reino da mocidade*, de Olegário Fernandes da Silva. Há também um filme de Vladimir Carvalho, *O país de São Saruê*.

A temática da viagem a um lugar ideal, onde os sonhos, os desejos dos homens se realizam de modo pleno, também aparece em outros folhetos. *Uma viagem ao céu*, de Leandro Gomes de Barros, menos conhecido do que *Viagem a São Saruê*, foi uma das possíveis fontes de Manoel Camilo. A leitura dos dois folhetos na sala de aula, explorando um viés comparatista, pode suscitar boas discussões tanto no nível temático quanto no nível formal. Por exemplo, observar como se dá o percurso das viagens nos dois folhetos; em quais aspectos *o céu e São Saruê* se assemelham; qual dos folhetos ostenta um viés mais cômico; que aspectos sociais se destacam nos dois folhetos; que elementos de costumes estão postos; se há algum preconceito no modo de apresentar alguma personagem.

O trabalho pode ter continuidade com a leitura de outros folhetos que também retomam o *tópos*[37] do lugar ideal, da utopia. O poeta Antônio da Mulatinha escreveu *Uma viagem à lua*, em que se destaca o sonho de um homem pobre, também retratado com humor:

---

[37] O *tópos*, na literatura, pode ser definido como a retomada de um tema tradicional ou de um procedimento que se repete em determinadas obras. Ao referir-se à "tópica histórica", Curtius (1996, p. 125) afirma que "Versa a tópica poética não só sobre o encanto da natureza, em seu amplo sentido (...) mas também sobre regiões e idades sonhadas: o Elísio (com sua eterna primavera, sem perturbações meteorológicas), o Paraíso terrestre, a Idade de Ouro"; *Viagem a São Saruê* está ligada, portanto, a esta tópica das "regiões e idades sonhadas", que, na tradição popular medieval era chamada de "país da cocanha" – veja a obra *Cocanha: as várias faces de uma utopia*, organizada por Hilário Franco Júnior.

A lua é um bom lugar
Que não há pranto nem choro
Planta onde queria plantar
Querendo negociar
Não paga imposto de nada
Leite, queijo e qualhada
É sobrando pelos quintais
Isto o povo não quer mais
Lá riqueza é sobrada.

Mais recentemente a poetisa Maria Godelivie publicou *Viagem à Santa Vontade*, em que traz a perspectiva do desejo da mulher por um mundo diferenciado. O poema se inicia estabelecendo um diálogo com as obras anteriores, para, a seguir, falar do sonho de um lugar em que a condição feminina fosse outra:

> BANDEIRA foi pra Pasárgada
> Onde o rei o festejou
> Pra Saruê foi CAMILO
> Que a brisa mansa levou,
> Já MONTEIRO está aí para
> Baixa da Égua embarcou.

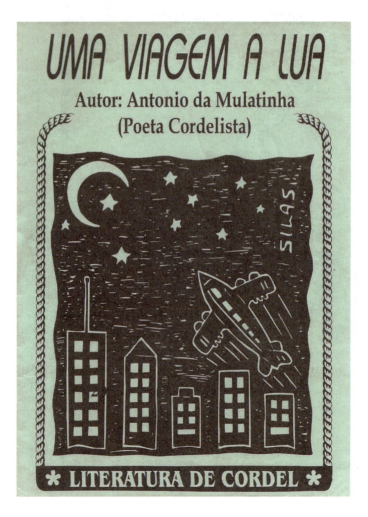

A leitura e discussão destes diferentes folhetos podem mostrar como se materializam os desejos de pessoas simples. Por trás desses desejos existem condições humanas e sociais precárias, relacionamentos fincados na exploração da mulher. A poesia popular, portanto, retrata e põe em questão diferentes aspectos da sociedade e pode funcionar, como qualquer outra literatura, como instrumento de deleite e reflexão.

2.4 Cordel e canção

Como já foi afirmado aqui, música e literatura de cordel sempre andaram muito próximas. São inúmeros os cordéis que aceitam com facilidade a realização musical. Violeiros cantam e recitam seus poemas. Folhetos escritos para serem lidos ou recitados receberam melodia. E em qualquer das situações revelam-nos sua beleza. Nem é preciso apurar muito o ouvido para perceber que determinadas canções populares estão no ritmo de algumas formas de cantorias.[38]

Possivelmente uma das canções mais conhecidas, feita por um poeta popular, de valor artístico reconhecidamente grande e de forte apelo social, é "A triste partida", de Patativa do Assaré. Interpretada inicialmente por Luiz Gonzaga, esta canção é a saga do sofrimento do nordestino que foge da seca e busca salvação em

---

[38] Em seu livro *Poética popular do nordeste*, Sebastião Nunes Batista (1982, p. 18) define cantoria como "arte de cantar, a disputa poética cantada, o desafio entre os cantadores do Nordeste brasileiro, sob várias formas e gêneros como a Sextilha, o Mourão, o Martelo e o Galope à Beira-Mar, entre muitos outros". Maria Ignez Novais Ayala (1988), em seu importante estudo denominado *No arranco do grito: aspectos da cantoria nordestina*, afirma que os produtores da cantoria "conhecidos como cantadores, repentistas ou violeiros – não devem ser confundidos com outras categorias de poetas populares do Nordeste: escritores de folhetos e emboladores" (p. 15). Sobre a forma como se dá a cantoria, lembra a pesquisadora que: "Os repentistas, por sua vez, apresentam-se em locais previamente delimitados. Pode ser uma sala, varanda ou quintal de residência rural ou urbana, bar ou restaurante, dependências de mercado municipal, barraca de bebida em feiras livres, ou, mais recentemente, palco de teatro ou ginásio de esportes. A cantoria de viola também pode ocorrer em palanques montados em praças públicas" (p. 15).

São Paulo. Lirismo[39] e *pathos*[40] juntam-se e conferem ao poema/canção um tom pungente. Vale ressaltar o telurismo[41] que perpassa todo o poema, o apego aos bichos, aos objetos do cotidiano que são cantados com força de grande poesia.

O carro já corre
No topo da serra
Seu berço, seu lá
Aquele nortista,
Partido de pena,
De longe inda acena
Adeus, Ceará.

No dia seguinte,
Já tudo enfadado,
E o carro embalado,
Veloz a corrê,
Tão triste, coitado,
Falando saudoso,
Um fio choroso
Escrama a dizê:

– De pena e sodade,
Papai, sei que morro!
Meu pobre cachorro,
Quem dá de comê?
Já ôto pergunta:
– Mãezinha, e meu gato?
Com fome, sem trato,
Mimi vai morrê!

E a linda pequena,
Tremendo de medo:

---

[39] Lirismo refere-se tradicionalmente à poesia lírica, isto é, um gênero de poesia em que a expressão do eu se revela mais diretamente. Mesmo nos poemas de caráter narrativo, podem-se encontrar momentos líricos – revelação direta de sentimentos, de emoções.
[40] Segundo Shaw (1982, p. 346), "*pathos* reporta-se à capacidade ou o poder que tem a literatura (e outras artes) de provocar sentimentos de piedade, compaixão e tristeza".
[41] Telurismo, etimologicamente, refere-se à terra. Dizemos que um poema é telúrico quando a presença de uma ligação significativa com a terra, com a natureza, apresenta-se com destaque. Em "A triste partida", de Patativa, observa-se que estes três conceitos estão bastante imbricados.

– Mamãe meus brinquedo!
Meu pé de fulô?
Meu pé de rosera,
Coitado, ele seca!
E a minha boneca
Também lá se ficou.

Xilogravura de José Lourenço

A saga do retirante comporta sofrimento na partida, no percurso da mudança e na chegada e permanência em terra estranha. As estrofes finais dão a dimensão do destino dos migrantes pobres nordestinos que, em sua maioria, saem de um inferno para cair em outro.

> Do mundo afastado,
> Sofrendo desprezo,
> Ali vive preso,
> Devendo ao patrão.
> O tempo rolando,
> Vai dia e vem dia,
> E aquela famia
> Não vorta mais não.
>
> Distante da terra
> Tão seca mas boa
> Exposto à garoa,
> À lama e ao paú,
> Faz pena o nortista,
> Tão forte, tão bravo,
> Vivê como escravo
> Nas terra do su.

Do ponto de vista da linguagem, o poema é rico em sonoridades – não apenas das rimas – destacando-se as aliterações que surpreendem o leitor/ouvinte, como: "O carro já corre/No topo da serra", "Partido de pena", "Tão triste, coitado" e inúmeras outras.

O poema de Patativa abre-se para um excelente trabalho interdisciplinar. Aspectos geográficos, históricos e econômicos estão aí muito bem representados e podem ser ativados por professores e alunos. Por exemplo, a temática da seca que ocorre em grande parte do sertão nordestino, e que expulsava os moradores pobres de suas terras, de seus lugarejos. Esta realidade muitas vezes não é percebida pelo morador da cidade – inclusive das cidades nordestinas. Aliado ao professor de história e geografia, podem-se mapear as regiões onde ocorrem esses fenômenos e pesquisar quais propostas têm surgido ao longo da história para minimizar as consequências. Também pode-se, junto a professores de língua e literatura, fazer um levantamento de canções, contos e romances que também tematizam estas questões. Uma proposta seria comparar o poema de Patativa com o de Leandro Gomes de Barros, *A seca no Ceará*, e observar diferenças formais, modos peculiares de tratar o tema, atentar para o modo como Patativa, ao dar voz às personagens, confere um tom mais dramático ao seu poema.

Outro poema de Patativa, musicado pelo próprio poeta, e que ficou conhecido nacionalmente pela voz de Fagner, foi "Vaca Estrela e boi Fubá". O tema é o mesmo de "A triste partida" e, se o poema não tem a força do anterior, revela também experiências dolorosas de fuga da terra, de apego a bichos, de evocação lírica dos ecos da canção que surgia do trabalho.

Há muitas outras canções/poemas gravados e acessíveis ao público: Elba Ramalho canta um poema de cordel de Bráulio Tavares e Ivanildo Vilanova. Trata-se de "Nordeste independente". Antônio Nóbrega musicou um poema de Dimas Batista, "O vaqueiro e o pescador", que está no disco *Madeira que cupim não rói*. Siba, cujo trabalho está profundamente enraizado na cultura popular nordestina, traz uma canção em ritmo de cordel cantado, "A roseira (onde a moça mijou)", no disco *Mestre Ambrósio*. A melodia desta canção pode ser apropriada para cantar outros cordéis. Ressalte-se nesta canção o caráter erótico e o lado brincalhão e bem-humorado. Hoje é possível encontrar discos com cantorias gravadas. Esse material pode ser útil para estudar e trabalhar em sala de aula o parentesco entre cordel e canção (vide discografia).

Em seu disco *Mama Mundi*, o cantor e compositor paraibano Chico César bebeu nos ritmos da embolada para compor o seu "Aquidauana". A embolada é uma das modalidades da poesia popular mais fascinante. Quem já assistiu a emboladores ao vivo terá a justa noção do encanto das emboladas. Um bom exemplo de CD com emboladas é o de Caju e Castanha, no qual encontramos "Embolando a embolada". Infelizmente a embolada não foi ainda devidamente documentada, a exemplo do cordel e da cantoria.

2.5 A temática social

A literatura de cordel, ao longo de sua história, tem sido instrumento de lazer, de informação, de reivindicações de cunho social, realizadas, muitas vezes, sem uma intencionalidade clara. Podemos apontar no cordel uma acentuação do caráter de denúncia de injustiças sociais que há séculos estão presentes em nossa sociedade. Seriam muitos os exemplos desta faceta da literatura de cordel. Dois exemplos de reivindicações, embora com nuances ideológicas particulares, são *A seca do Ceará*,[42] de Leandro Gomes de Barros, e *A morte de Nanã*, de Patativa do Assaré.

A seca do Ceará

Seca as terras as folhas caem,
Morre o gado sai o povo,
O vento varre a campina,
Rebenta a seca de novo;
Cinco, seis mil emigrantes
Flagelados retirantes
Vagam mendigando o pão,
Acabam-se os animais
Ficando limpo os currais
Onde houve a criação.

Não se vê uma folha verde
Em todo aquele sertão
Não há um ente d'aqueles
Que mostre satisfação
Os touros que nas fazendas
Entravam em lutas tremendas,
Hoje nem vão mais o campo
É um sítio de amarguras

---

[42] *A seca no Ceará* é um folheto pequeno, possivelmente de oito páginas, em décimas setissilábicas. Leandro, neste folheto, faz uma crítica mordaz ao antigo problema de desvio de verbas para as secas. Na penúltima estrofe ele alfineta: "Alguém no Rio de Janeiro/ Deu dinheiro e remeteu/Porém não sei o que houve/Que cá não apareceu/O dinheiro é tão sabido/que quis ficar escondido/Nos cofres dos potentados/Ignora-se esse meio/Eu penso que ele achou feio/Os bolsos dos flagelados." (RIBEIRO, Irani (org.). *No reino da poesia sertaneja*. João Pessoa: Editora Ideia, 2002. p. 230-232). O folheto de Leandro Gomes de Barros está disponível, na íntegra, no *site* da Academia Brasileira de Literatura de Cordel.

Nem mais nas noites escuras
Lampeja um só pirilampo.

Aqueles bandos de rolas
Que arrulavam saudosas
Gemem hoje coitadinhas
Mal satisfeitas, queixosas,
Aqueles lindos **tetéus**
Com penas da cor dos céus.
Onde algum hoje estiver,
Está triste mudo e sombrio
Não passeia mais no rio,
Não solta um canto sequer.

(...)

Foi a fome negra e crua
Nódoa preta da história
Que trouxe-lhe o ultimatum
De uma vida provisória
Foi o decreto terrível
Que a grande pena invisível
Com energia e ciência
Autorizou que a fome
Mandasse riscar meu nome
Do livro da existência.

E a fome obedecendo
A sentença foi cumprida
Descarregando-lhe o **gládio**
Tirou-lhe de um golpe a vida
Não olhou o seu estado
Deixando desamparado
Ao pé de si um filinho,
Dizendo já existisses
Porque da terra saísses
Volta ao mesmo caminho.

Vê-se uma mãe cadavérica
Que já não pode falar,
Estreitando o filho ao peito
Sem o poder consolar
Lança-lhe um olhar materno

Tetéu. Tipo de pássaro, possivelmente comum na região do poeta.

Gládio. S.m. 1. Espada curta, de dois gumes. 2. P. ext. Qualquer tipo de espada. 3. Ação ou resultado de combater; LUTA 4. Fig. Energia física e/ou moral [F.: Do lat. *gladius*, ii. Hom./ Par.: *gládio* (S.m.), *gladio* (fl. de *gladiar*).

Soluça implora ao Eterno
Invoca da Virgem o nome
Ela débil triste e louca
Apenas beija-lhe a boca
E ambos morrem de fome.

Vê-se moças elegantes
Atravessarem as ruas
Umas com roupas em tira
Outras até quase nuas,
Passam tristes, envergonhadas
Da cruel fome, obrigadas
Em procura de socorros
Nas portas dos potentados,
Pedem chorando os criados
O que sobrou dos cachorros.

(...)
O gado urra com fome,
Berra o bezerro enjeitado
Tomba o carneiro por terra
Pela fome fulminado,
O bode procura em vão
Só acha pedras no chão
Põe-se depois a berrar,
A cabra em lástima completa
O cabrito inda penetra
Procurando o que mamar.

Grandes cavalos de selas
De muito grande valor
Quando passam na fazenda
Provocam pena ao senhor
Como é diferente agora
Aquele animal de que outr'ora
Causava admiração,
Era russo hoje está preto
Parecendo um esqueleto
Carcomido pelo chão.

(...)

Santo Deus! Quantas misérias
Contaminam nossa terra!

No Brasil ataca a seca
Na Europa assola a guerra
A Europa ainda diz
O governo do país
Trabalha para o nosso bem
O nosso em vez de nos dar
Manda logo nos tomar
O pouco que ainda se tem.

Vê-se nove, dez, num grupo
Fazendo súplicas ao Eterno
Crianças pedindo a Deus
Senhor! Mandai-nos inverno,
Vem, oh! grande natureza
Examinar a fraqueza
Da frágil humanidade
A natureza a sorrir
Vê-la sem vida a cair
Responde: o tempo é debalde.

(...)

Os habitantes procuram
O governo federal
Implorando que os socorra
Naquele terrível mal
A criança estira a mão
Diz senhor tem compaixão
E ele nem dar-lhe ouvido
É tanto a sua fraqueza
Que morrendo de surpresa
Não pode dar um gemido.

Alguém no Rio de Janeiro
Deu dinheiro e remeteu
Porém não sei o que houve
Que cá não apareceu
O dinheiro é tão sabido
Que quis ficar escondido
Nos cofres dos potentados
Ignora-se esse meio
Eu penso que ele achou feio
Os bolsos dos flagelados.

O governo federal
Querendo **remia** o Norte
Porém cresceu o imposto
Foi mesmo que dar-lhe a morte
Um mete o facão e rola-o
O Estado aqui esfola-o
Vai tudo dessa maneira
O município acha os troços
Ajunta o resto dos ossos
Manda vendê-los na feira.

Remia. Verbo remir: livrar do sofrimento, libertar, resgatar. Na época em que o poema foi escrito, Norte denominava praticamente tudo que hoje é o Norte e o Nordeste.

Leandro Gomes de Barros desenha um quadro de destruição e descaso por parte dos políticos. Às paisagens vão-se somando os gemidos e lamentos das crianças, moças e velhos. A lembrança da guerra na Europa aproxima as imagens de desolação. A natureza castiga o homem, mas maior castigo é a falta de providências dos governantes. E o autor denuncia, em tom de humor: "Alguém no Rio de Janeiro/Deu dinheiro e remeteu/Porém não sei o que houve/Que cá não apareceu/O dinheiro é tão sabido/Que quis ficar escondido/Nos cofres dos potentados." A voz do poeta, em versos de forte apelo sensorial, surge como um grito de denúncia, um pedido de socorro.

Como já dissemos anteriormente, outra voz que se soma à de Leandro Gomes de Barros na denúncia das injustiças sociais é a de Patativa do Assaré. Destacamos um de seus poemas mais contundentes, que é

A morte de Nanã

Eu vou contá uma história
Que eu não sei como comece,
Pruquê meu coração chora,
A dô no meu peito cresce,
Omenta o meu sofrimento
E fico uvindo o lamento
De minha arma dilurida,
Pois é bem triste a sentença,
De quem perdeu na isistença
O que mais amou na vida.

Já touvéio, acabrunhado,
Mas inriba deste chão,
Fui o mais afurtunado
De todos fios de Adão.
Dentro da minha pobreza,
Eu tinha grande riqueza:
Era uma querida fia,
Porém morreu muito nova.
Foi sacudida na cova
Com seis ano e doze dia.

Morreu na sua inocença
Aquele anjo incantadô,
Que foi na sua insistença,
A cura da minha dô
E a vida do meu vivê.
Eu beijava, com prazê,
Todo dia, demenhã,
Sua face pura e bela.
Era Ana o nome dela,
Mas, eu chamava Nanã.

Nanã tinha mais primô
De que as mais bonita jóia,
Mais linda do que as fulô
De um tá de Jardim de Tróia
Que fala o dotô Conrado.
Seu cabelo cachiado,
Preto da cô de viludo.
Nanã era meu tesôro,
Meu diamante, meu ôro,
Meu anjo, meu céu, meu tudo.

Pelo terrêro corria,
Sempre sirrindo e cantando,
Era lutrida e sadia,
Pois, mesmo se alimentando
Com feijão, mio e farinha,
Era gorda, bem gordinha
Minha querida Nanã,
Tão gorda que reluzia.
O seu corpo parecia
Uma banana maçã.

Todo dia, todo dia,
Quando eu vortava da roça,
Na mais compreta alegria,
Dento da minha paioça
Minha Nanã eu achava.
Por isso, eu não invejava
Riqueza nem posição
Dos grande deste país,
Pois eu era o mais feliz
De todos fio de Adão.

Mas, neste mundo de Cristo,
Pobre não pode gozá.
Eu, quando me lembro disto,
Dá vontade de chorá.
Quando há seca no sertão,
Ao pobre farta feijão,
Farinha, mio e arrôis.
Foi isso o que aconteceu:
A minha fia morreu,
Na seca de trinta e dois.

Vendo que não tinha inverno,
O meu patrão, um tirano,
Sem temê Deus nem o inferno,
Me dexou no desengano,
Sem nada mais me arranjá.
Teve que se alimentá,
Minha querida Nanã,
No mais penoso matrato,
Comendo caça do mato
E goma de mucunã.

E com as braba comida,
Aquela pobre inocente
Foi mudando a sua vida,
Foi ficando deferente.
Não sirria nem brincava,
Bem pôco se alimentava
E inquanto a sua gordura
No corpo diminuía,
No meu coração crescia
A minha grande tortura.

Quando ela via o angu,
Todo dia demenhã,
Ou mesmo o rôxobeju
Da goma da mucunã,
Sem a comida querê,
Oiava pro dicumê,
Depois oiava pra mim
E o meu coração doía,
Quando Nanã me dizia:
Papai, ô comida ruim!

Se passava o dia intêro
E a coitada não comia,
Não brincava no terrêro
Nem cantava de alegria,
Pois a farta de alimento
Acaba o contentamento,
Tudo destrói e consome.
Não saía da tipóia
A minha adorada jóia,
Infraquecida de fome.

Daqueles óio tão lindo
Eu via a luz se apagando
E tudo diminuindo.
Quando eu tava reparando
Os oinho da criança,
Vinha na minha lembrança
Um candiêro vazio
Com uma tochinha acesa
Representando a tristeza
Bem na ponta do pavio.

E, numa noite de agosto,
Noite escura e sem luá,
Eu vi crescê meu desgosto,
Eu vi crescê meu pená.
Naquela noite, a criança
Se achava sem esperança.
E quando vêi o rompê
Da linda e risonha orora,
Fartava bem pôcas hora
Pra minha Nanã morrê.

Por ali ninguém chegou,
Ninguém reparou nem viu
Aquela cena de horrô
Que o rico nunca assistiu,
Só eu e minha muié,
Que ainda cheia de fé
Rezava pro Pai Eterno,
Dando suspiro maguado
Com o seu rosto moiado
Das água do amô materno.

E, enquanto nós assistia
A morte da pequenina,
Na manhã daquele dia,
Veio um bando de campina,
De canaro e sabiá
E começaro a cantá
Um hino santificado,
Na copa de um cajuêro
Que havia bem no terrêro
Do meu rancho esburacado.

Aqueles passo cantava,
Em lovô da despedida,
Vendo que Nanã dexava
As misera desta vida.
Pois não havia ricurso,
Já tava fugindo os purso.
Naquele estado misquinho,
Ia apressando o cansaço,
Seguido pelo compasso
Da musga dos passarinho.

Na sua pequena boca
Eu vi os laibo tremendo
E, naquela afrição lôca,
Ela também conhecendo
Que a vida tava no fim,
Foi regalando pra mim
Os tristes oinho seu,
Fez um esforço ai, ai, ai,
E disse: "abença, papai!",
Fechô os óio e morreu.

Enquanto finalizava
Seu momento derradêro,
Lá fora os passo cantava,
Na copa do cajuêro.
Em vez de gemido e chôro,
As ave cantava em coro.
Era o bendito prefeito
Da morte de meu anjinho.
Nunca mais os passarinho
Cantaro daquele jeito.

Nanã foi, naquele dia,
A Jesus mostrá seu riso
E omentá mais a quantia
Dos anjo do Paraíso.
Na minha maginação,
Caço e não acho expressão
Pra dizê como é que fico.
Pensando naquele adeus
E a curpa não é de Deus,
A curpa é dos home rico.

Morreu no maió matrato
Meu amô lindo e mimoso.
Meu patrão, aquele ingrato,
Foi o maió criminoso,
Foi o maió assarsino.
O meu anjo pequenino
Foi sacudido no fundo
Do mais pobre cimitero
E eu hoje me considero
O mais pobre deste mundo.

Saluçando, pensativo,
Sem consolo e sem assunto,
Eu sinto que inda touvivo,
Mas meu jeito é de defunto.
Invorvido na tristeza,
No meu rancho de pobreza,
Toda vez que eu vou rezá,
Com meus juêio no chão,
Peço em minhas oração:
Nanã, venha me buscá!

Como se pode observar, a morte da criança é representada de modo patético. O poema, de caráter narrativo, inicia-se apresentado a alegria e espontaneidade da criança. A seguir vem a seca e o definhar lento da criança até a morte. O modo como o poeta apresenta a criança, comparando-a, por exemplo, a uma "banana-maçã", o jogo antitético que realiza entre a "gordura" que "diminuía" e "No meu coração crescia/A minha grande tortura", a convocação que faz da natureza que é animizada em um grande lamento fúnebre, dentre outros recursos, revelam a grandeza do poema, que comove e faz pensar. No espaço da sala de aula, a leitura atenta do poema, observando o modo como o poeta vai relatando a degradação da criança e o aumento de sua dor, contribui para a percepção mais acurada do poema e de toda sua riqueza e, certamente, contribuirá para desfazer tantos preconceitos relativos à cultura popular.

Em um tempo em que o sofrimento e a morte estão cada vez mais banalizados, sobretudo o sofrimento dos mais pobres, a leitura de poemas tão contundentes como este pode ajudar na reeducação da sensibilidade de muitos leitores.

2.6 A presença do humor

O caráter bem-humorado percorre quase toda a literatura popular. Os desafios dos cantadores e as disputas dos emboladores são formas em que o humor é mais trabalhado. Uma boa *peleja* costuma ter momentos fortes de humor, sobretudo quando os dois artistas passam a se "agredir". As malandragens de João Grilo, Cancão de Fogo e Pedro Malasartes também estão carregadas de episódios engraçados. Ou seja, o humor permeia qualquer tipo de narrativa, mas há momentos em que serve de recurso para chamar a atenção dos leitores/ouvintes para determinados problemas. Um exemplo marcante deste procedimento encontramos no engraçadíssimo *A muiéquimais amei,* também de Patativa do Assaré.

A muiéqui mais amei

Era um modelo de prefeito
A muié qui mais amei,
Linda e simpate de um jeito
Que eu mesmo dizê não sei.
Era bela; munto bela;
Modecumpará com ela,
Outra ciosa eu não arranjo
E por isso tenho dito
Que se anjo é mesmo bonito
Era o retrato de um anjo.

Sei que arguém não me acredita,
Mas eu digo com razão,
Foi a muié mais bonita
De riba de nosso chão;
Era mesmo de incomenda
E do amô daquela prenda
Eu fui o merecedô,
Eu era mesmo sozinho
Dono de todo carinho
Daquele anjo incantadô.

Era bem firme a donzela,
Só **neu** vivia pensando.
Quando eu oivava pra ela,
Ela já tava me oiando.
Mode a gente cunversá
E o amô continuá
Quando eu não ia, ela vinha,
Um do outro sempre bem perto
Nosso amô dava tao certo
Que nem faca na bainha.

E por sorte ou por capricho,
Eu tinha prata, oro e cobre.
Dinhêro in mim era lixo
In casa de gente pobre.
Nóis nunca perdia os ato
De cinema e de triato
De drama e mais diversão,
Não fartava coisa arguma,

Neu. Expressão comum na fala popular de alguns lugares do Nordeste que corresponde a "em mim".

As nota eu tinha de ruma
Pra nóis andá de avião.

Meu grande contentamento,
Não havia mais maió
E nossos dois pensamento
Pensava uma coisa só.
Pra disfrutá minha vida
Perto da minha querida
Eu não popava dinhêro.
Tanta sorte nóis tivemo
Que muntas viage demo
Nas terras dos estranjêro.

E quando nóis se trajava
E saía a passiá
O povo todo arredava
Mode vê nóis dois passá
Cada quá mais prazentêro
Deste nosso mundo intêro
Nóis dois era os mais feliz,
Vivia nas artas roda
E só trajava nas moda
Dos modelo de Paris.

Assim a vida corria
E o prazê continuava
Aonde um fosse o outro ia
Onde um tivesse o outro tava;
Pra festa de posição
Das mais arta ingorfação
Nunca fartava cunvite
Modedizê a verdade
A nossa felicidade
Já passava do limite.

Era boa a nossa sorte
E não mudava um segundo
Ninguém pensava na morte
E o céu era aqui no mundo.
Na refeição nóis comia
Das mais mió iguaria
Sem falá de carne e arroz

E por isso munta gente
Ficava ringindo os dente
Com ciúme de nóis dois.

Foi uma coisa badeja
A vida qui eu desfrutei,
Mas pra quem tivé inveja
Dessa vida que eu levei
Com tanta felicidade,
Eu vou dizê a verdade,
Pois não ingano a ninguém.
Aquele anjinho risonho
Eu vi foi durante um sonho;
Muié nunca me quis bem!

A história não foi verdade,
Todo sonho é mentiroso
Aquela felicidade
De tanto luxo e de gozo
Sem o menó sacrifiço,
Foi negoço fictiço,
Não foi coisa verdadêra.
Eu fiquei dando o cavaco:
"Estes alimento fraco
Só dá pra sonha bestêra."

De noite eu tinha jantado
Um mucunzá sem tempero
E acordei arvoroçado
Sem muié e sem dinhêro;
Ainda reparei bem
Mode vê se via arguém
De junto de minha rede
Mas, invez de tudo aquilo
Só uvi cantando os grilo
Nos buraco das parede.

Quando acordei tava só
Sem tê ninguém do meu lado,
Era munto mais mió
Que eu não tivesse sonhado.
Quem já vai no fim da estrada

> Levando a carga pesada
> De sofrimento sem fim,
> Doente, cansado e fraco
> Vem um sonho inchendo o saco
> Piora quem já ta ruim.

A riqueza do humor, embora se apresente de modo mais destacado em alguns folhetos, é marca da literatura de cordel. Neste poema de Patativa, o poeta conduz o leitor/ouvinte por um universo de sonho, de realização de todos os desejos, para depois dar-lhe uma rasteira, trazendo-o novamente para a realidade. A opção pela décima oferece um maior detalhamento de cada situação apresentada. Observe-se também que a linguagem matuta em nada enfraquece a beleza do poema. Ao contrário, se ele fosse "corrigido" – prática desaconselhável e presente em livros didáticos – certamente perderia muito de sua musicalidade.

O humor pode nascer de situações inusitadas, de versos cheios de *nonsense*, de deslocamentos os mais diversos. Personagens como os cegos costumam comparecer em narrativas brincalhonas, bem-humoradas. Dois folhetos destacam-se neste viés: *O cego no cinema*, de José Soares e *O cego namorador*, de Marcelo Soares. O primeiro inicia e termina sob o signo da brincadeira, do absurdo:

> Um mudo disse a um mouco
> Que lembra quando nasceu
> O mouco disse também
> Que um aleijado correu.
> O cego disse que viu
> Quando um defunto morreu.

> Os que contaram a estória,
> Garantem que não mentiram.
> Dois aleijados dançaram,
> E dois pobres cegos viram
> Os dois mudos que cantaram
> E os dois moucos que ouviram.

O folheto de Marcelo Soares, que é filho do poeta José Soares, como o título anuncia, explora o viés do namoro, da conquista, do afoitamento. Vejamos duas declarações do cego:

> Minha sensibilidade
> É de causar comoção
> Quando vejo uma mulher
> Vou logo passando a mão
> Uma me deu um tabefe
> Que eu quase caí no chão!
>
> Eu me dano na folia
> Quando vejo uma mulher
> Fico doido, abestalhado
> Sonhando que ela me quer
> Mas elas nunca me dão
> Uma esmolinha sequer.

O cego como personagem central, vivendo situações engraçadas, comparece no folheto *O amor no escuro* ou *O cego e a dama da noite*, de Maria Godelivie. O sonho de casar-se atormenta Marcelino e o leva a ser enganado por seu guia, o menino Serafim:

> Marcelino era um ceguinho
> Que só pensava em casar
> Mas não tinha namorada
> Pra com ela iniciar
> O prazer do matrimônio
> Fazer filho e se acalmar.
>
> Desejava uma parceira
> Para se locupletar
> Dar carinho, ter carinho
> Sem disso se envergonhar
> E das delícias do sexo
> Dia e noite se fartar.
>
> (...)
> Mas Serafim como era
> Um guia muito safado
> Não obedeceu ao cego
> Levando o pobre coitado

Ao bordel da Luisa
Lugarzinho esculhambado.

(...)

Tentou de toda maneira
Contratar uma morena
Mas que fizesse o serviço
Por uma taxa pequena,
Tão pequena que só deu
Pra contratar Marilena.

Outro folheto que pode ser considerado um clássico do humor é *A chegada da prostituta no céu*, do poeta e xilogravurista José Francisco Borges. O poema se inicia com um tom solene que vai contrastar com as estripulias que virão depois:

Do rosto da poesia
Eu tirei um santo véu
E pedi licença a ela
Para tirar o chapéu
E escrever A CHEGADA
DA PROSTITUTA NO CÉU.

A alma da prostituta dribla os demônios na porta do inferno e se destina ao céu:

Mas na carreira que iam
O diabo e a prostituta
Passaram no purgatório
E no sindicato da puta
E lá no portão do céu
Foi que começou a luta.

No céu, a confusão será das maiores. Ajudada inicialmente por São Pedro, a prostituta se envolverá com vários outros santos. A postura do autor é de defesa da prostituta, como afirma na estrofe final:

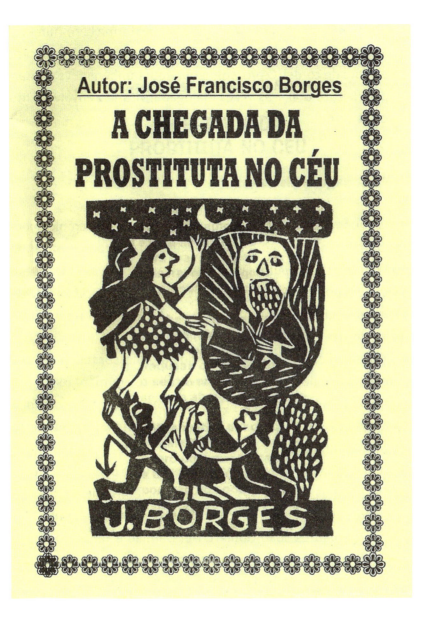

Aqui termina o livrinho
Em favor da prostituta
Para vender aos homens,
A rapaz, corno e puta
Pessoas de baixo porte
E aos de boa conduta.

Os folhetos que abordam seus temas de forma bem-humorada podem ser a porta de entrada do leitor que ainda não conhece a literatura de cordel. O procedimento aqui também deve pautar-se pela leitura oral – às vezes dialogada, visando envolvimento maior da turma.

2.7 Personagens históricas

Segundo Mark Curran, o cordel funciona como crônica poética do povo nordestino e história nacional, relatada a partir de uma perspectiva popular. Os poetas retransmitem as notícias em linguagem popular, utilizando aspectos da experiência e visão de mundo dos leitores. Em uma mistura de fato e ficção, o cordel "informa, diverte e ensina" (CURRAN, 1998).

Na sala de aula, é importante que o professor tenha sempre a preocupação de não transformar o folheto em mero relato jornalístico. O que interessa é perceber como o poeta se posiciona diante da história, tendo sempre em vista o caráter ficcional desta produção.

Entre os principais personagens da história do Brasil que ocupam as páginas dos folhetos, estão Antônio Conselheiro, Luís Carlos Prestes, padre Cícero, Antônio Silvino e Lampião, Getúlio Vargas, Jânio Quadros, João Goulart, frei Damião e Tancredo Neves. Os heróis nacionais, assim como os heróis dos romances, têm a sua vida e morte detalhadas e, mesmo depois de mortos, recebem julgamento e terminam no céu ou no inferno.

O poeta geralmente narra eventos contemporâneos à sua vida, mas alguns personagens da história nacional continuam ainda hoje despertando o interesse de novos escritores. O cangaço é um dos temas mais abordados na literatura de cordel. Autores como Leandro Gomes de Barros, João Martins de Athayde e Francisco das Chagas Batista acompanharam quase todos os momentos desta história, relatando as façanhas dos bandos de Antônio Silvino e Lampião. Além da crônica dos acontecimentos, preocupada em se manter fiel aos fatos narrados, existem as histórias fantásticas, fruto da imaginação dos autores. Um dos exemplos mais interessantes desse tipo de história se encontra no folheto de José Pacheco da Rocha, *A chegada de Lampião no inferno*. Muitos leitores decoram estrofes inteiras do poema que conta as aventuras do cangaceiro no outro mundo.

A história começa a ser narrada pelo saldo de mortos na luta travada entre Lampião e diabos de todas as procedências e nomes. No início, encontramos Lampião diante do porteiro do inferno conversando com um vigia que "não procura distinção/o negro escreveu num leu,/a macaíba comeu". Começam a aparecer os personagens da história e o inferno vai sendo descrito como uma repartição pública: tem vigia, chefe do gabinete (ninguém menos que Satanás) e todos os seus subalternos. Ao longo da narrativa o inferno também se mostra como uma cidade organizada, com padaria, loja de ferragens e armazém de algodão.

O vigia encontra Satanás *caipora*, reclamando que só chegava gente ruim no inferno e que Lampião viria para "desmoralizar" a sua propriedade. Conhecendo a fama de Lampião ("bandido e ladrão da honestidade"), começam os preparativos para a luta: convocam-se negros de todos os lugares, armados de "pistola, faca e facão, /clavinote e granadeiro". E os nomes dos diabos vão sendo conhecidos: Fuxico, Cão de Bico, Trangença, Maçarico, Cambota, Formigueiro, Trupizupe... Vale notar que todos os diabos são pretos, em uma forte evidência do preconceito racial que marca as relações sociais no Brasil. Cabe ao professor problematizar essa questão em sala de aula evidenciando, inclusive, atitudes conservadoras e preconceituosas presentes na cultura popular, bem como em diversas outras narrativas e poemas da literatura brasileira.

A batalha começa: Lampião se livra dos tiros, luta como pode sem nunca ser atingido. O batalhão de diabos e diabas, não tendo mais munição, entra na briga "de cacete, faca e braço". Do terraço, observam a luta Satanás e seu compadre Lúcifer. Por fim, Lampião toca fogo no inferno causando grande prejuízo para o proprietário do lugar. Termina a história, mas o poeta deixa a solução do conflito para os leitores. Onde andará Lampião? "No inferno não ficou,/ no céu também não chegou,/por certo está no sertão."

Sertão, lugar de onde saem os poetas, de homens valentes, de bandidos, de aventureiros, de profetas e de pobres agricultores. O inferno tem paisagens do sertão, os diabos têm nomes de cangaceiros, a seca ameaça todos. As histórias fantásticas de lutas no céu e no inferno, de homens que morrem e voltam para contar histórias aos poetas, são cheias de referências ao mundo real, ao tempo presente. Com enorme habilidade, José Pacheco passeia pelos mundos da fantasia e da realidade, brinca com as palavras, cria expressões, reinventa a tradição. Vejamos o folheto:

A chegada de Lampião no inferno

Um cabra de Lampião
Por nome Pilão Deitado
Que morreu numa trincheira
Em certo tempo passado
Agora pelo sertão
Anda correndo visão
Fazendo mal-assombrado

E foi quem trouxe a notícia
Que viu Lampião chegar
O inferno neste dia
Faltou pouco pra virar
Incendiou-se o mercado
Morreu tanto cão queimado
Que faz pena até contar

Morreu a mãe de Canguinha
O pai de Forrobodó
Três netos de Parafuso
Um cão chamado Cotó
Escapuliu Boca Ensossa
E uma moleca moça
Quase queimava o totó

Morreram 10 negros velhos
Que não trabalhavam mais
E um cão chamado Traz-cá
Vira-volta e Capataz
Tromba-Suja e Bigodeira
Um por nome de Goteira
Cunhado de Satanás

Vamos tratar da chegada
Quando Lampião bateu
Um moleque ainda moço
No portão apareceu
– Quem é você cavaleiro?
– Moleque eu sou cangaceiro
Lampião lhe respondeu

– Moleque não! sou vigia
E não sou seu pariceiro
E você aqui não entra
Sem dizer quem é primeiro
– Moleque abra o portão
Saiba que sou Lampião
Assombro do mundo inteiro

Então esse tal vigia
Que trabalha no portão
Dá **pisa** que voa cinza
Não procura distinção
O negro escreveu não leu
A **macaíba comeu**
Lá não se usa perdão

Pisa. Levar uma pisa é apanhar de alguém.

Macaíba comeu. Expressão que significa "o pau comeu", iniciou a confusão ou briga; macaíba é um tipo de árvore.

O vigia disse assim:
– Fique fora que eu entro
Vou conversar com o chefe
No gabinete do centro
Por certo ele não quer
Mas conforme o que disser
Eu levo o senhor pra dentro

Lampião disse: – vá logo
Quem conversa perde hora
Vá depressa e volte já
Eu quero pouca demora
Se não me derem ingresso
Eu viro tudo asavesso
Toco fogo e vou embora

O vigia foi e disse
A Satanás no salão:
– Saiba Vossa Senhoria
Aí chegou Lampião
Dizendo que quer entrar
E eu vim lhe perguntar
Se dou-lhe ingresso ou não

– Não senhor, Satanás disse
Vá dizer que vá embora

Só me chega gente ruim
Eu ando muito caipora
Estou até com vontade
De botar mais da metade
Dos que têm aqui pra fora

Lampião é um bandido
Ladrão da honestidade
Só vem desmoralizar
A minha propriedade
E eu não vou procurar
Sarna pra me coçar
Sem haver necessidade

Disse o vigia: – patrão
A coisa vai arruinar
Eu sei que ele se dana
Quando não puder entrar
Satanás disse: – isso é nada
Convide aí a negrada
E leve os que precisar

Leve 3 dúzias de negros
Entre homem e mulher
Vá na loja de ferragem
Tire as armas que quiser
É bom escrever também,
Pra virem negros que tem
Meu compadre Lúcifer

E reuniu-se a negrada
Primeiro chegou Fuxico
Com um bacamarte velho
Gritando por Cão de Bico
Que trouxesse o pau da prensa
E fosse chamar Trangença
Na casa de Maçarico

E depois chegou Cambota
Endireitando o boné
Formigueiro e Trupizupe
E o crioulo Quelé

Chegou Banzeiro e Pacaia
Rabisca e Cordão de Saia
E foram chamar Bazé

Veio uma diaba moça
Com a calçola de meia
Puxou a vara da cerca
Dizendo: a coisa está feia
Hoje o negócio se dana
E disse: eita baiana
Agora a ripa vadeia

E lá vai a tropa armada
Em direção do terreiro
Pistola, faca e facão
Clavinote e granadeiro
E um negro também vinha
Com a trempe da cozinha
E o pau de bater tempero

Quando Lampião deu fé
Da tropa negra encostada
Disse: só na Abissínia
Oh! tropa preta danada
O chefe do batalhão
Gritou: as armas na mão
Toca-lhe fogo negrada!

Nessa voz ouviu-se tiros
Que só pipoca no caco
Lampião pulava tanto
Que parecia macaco
Tinha um negro nesse meio
Que durante o tiroteio
Brigou tomando tabaco

Acabou-se o tiroteio
Por falta de munição
Mas o cacete batia
Negro embolava no chão
Pau e pedra que pegavam
Era o que as mãos achavam
Sacudiam em Lampião

Agora a ripa vadeia. Agora a briga começa, agora a ripa (pedaço de madeira) vai sair por aí.

– Chega, traz um armamento
Assim gritava o vigia
Traz a pá de mexer doce
Lasca os ganchos de Caria
Traz o birro de Maçau
Corre vai buscar um pau
Na cerca da padaria

Lúcifer mais Satanás
Vieram olhar o terraço
Todos contra Lampião
De cacete, faca e braço
O Comandante no grito
Dizia: – briga bonito
Negrada, chega-lhe o aço

Lampião pode apanhar
Uma caveira de boi
Sacudiu na testa dum
Ele só fez dizer: oi!
Ainda correu 10 braças
E caiu enchendo as calças
Mas eu não sei de que foi

Estava a luta travada
Mais de hora fazia
A poeira cobria tudo
Negro embolava e gemia
Porém Lampião ferido
Ainda não tinha sido
Devido a sua energia

Lampião pegou um seixo
E o rebolou num cão
A pedrada arrebentou
A vidraça do oitão
Saiu um fogo azulado
Incendiou-se o mercado
E o armazém de algodão

Satanás com esse incêndio
Tocou um búzio chamando
Correram todos os negros
Os que estavam brigando

Lampião pegou olhar
Não viu mais com quem brigar
Também foi se retirando

Houve grande prejuízo
No inferno nesse dia
Queimou-se todo dinheiro
Que Satanás possuía
Queimou-se o livro de pontos
Perderam seiscentos contos
Somente em mercadorias

Reclamava Satanás:
– Horror mais não precisa
Os anos ruins de safra
E mais agora essa pisa
Se não houver bom inverno
Tão cedo aqui no inferno
Ninguém compra uma camisa

Leitores vou terminar
Tratando de Lampião
Muito embora que não posso
Vos dar a solução
No inferno não ficou
No céu também não chegou
Por certo está no sertão

Quem duvidar nessa história
Pensar que não foi assim
Querer zombar do meu sério
Não acreditando em mim
Vá comprar papel moderno
Escreva para o Inferno
Mande saber de Caim.

Embora "bandido" e "ladrão da honestidade", Lampião termina como herói, valente e brigão. Não chegou nem mesmo a purgar seus pecados, não precisa pagar o que fez na terra, volta para o sertão, permanece na memória das pessoas. Depois da morte, deixa o sertão e invade as grandes cidades, torna-se personagem de cinema, é cantado por artistas do Nordeste. Todos sabem de suas maldades com os inimigos, com os moradores de sítios e fazendas, com as mulheres, mas a cada época a sua imagem assume novos significados. Na década de 1990 inspira as canções da geração *mangue beat*, que faz música eletrônica misturada aos sons de maracatus, cocos e cirandas. Lampião é imitado no jeito de vestir, na sua postura diante da vida e da sociedade. Chico Science, um dos cantores desta geração, transporta o herói para o contexto de exclusão de uma grande cidade como Recife:

Banditismo por uma questão de classe

Oi sobe morro, ladeira, córrego, beco, favela
A polícia atrás deles e eles no rabo dela
Acontece hoje, acontecia no sertão
Quando um bando de macaco perseguia Lampião
E o que ele falava outros hoje ainda falam
"Eu carrego comigo coragem, dinheiro e bala"
Em cada morro uma história diferente

Que a polícia mata gente inocente
E quem era inocente hoje já virou bandido[43]

Chico Science é também o autor de outra canção, parte da trilha sonora do filme de Paulo Caldas e Lírio Ferreira, *O baile perfumado*. O filme é centrado nos últimos meses de vida do cangaceiro, nas relações que ele estabelece com os companheiros do bando. Revela um Lampião vaidoso e preocupado com a sua imagem, mas também um homem amoroso, confiante no seu poder de sedução e persuasão. Na música, que mistura sons de guitarras e zabumbas, os gritos dos nomes dos cangaceiros antecedem o relato de sua morte e permanecem como um eco na memória dos ouvintes/leitores.

[43] Disco *Da lama ao caos*, de Chico Science & Nação Zumbi. Gravadora Sony Music.

Sangue de bairro

Besouro, Moderno, Ezequiel
Candeeiro, Seca Preta, Labareda, Azulão
Arvoredo, Quinaquina, Bananeira, Sabonete
Catingueira, Limoeiro, Lamparina, Mergulhão, Corisco!

Volta Seca, Jararaca, Cajarana, Viriato
Gitirana, Moite-Brava, Meia-noite, Zabelê

Quando degolaram minha cabeça
passei mais de dois minutos vendo meu corpo tremendo

E não sabia o que fazer
morrer, viver, morrer, viver![44]
(Chico Science e Ortinho)

Lampião, assim como outros personagens da história do Brasil (Getúlio Vargas, padre Cícero, Tancredo Neves, Antônio Conselheiro), desfila pelas páginas dos folhetos, assumindo ora a posição de herói, escolhido para resolver as questões sociais, ora a posição de homem comum, com suas fraquezas e incertezas. Resta-nos ler com atenção as histórias que eles inspiraram e despertar nos jovens o interesse em saber um pouco mais sobre a nossa cultura, sobre a nossa história.

2.8 Adaptações e recriações

As adaptações para versos – em folhetos ou em livros – vêm ganhando força neste início de século XXI. Curiosamente, na primeira metade do século passado houve uma produção significativa de adaptações de romances para o cordel, folhetos como *Romance do Conde de Monte-Cristo*, de José Costa Leite, *História*

---

[44] Trilha sonora do filme *O baile perfumado*, de Paulo Caldas e Lírio Ferreira. Gravadora Sony Music.

da escrava Isaura, de Silvino Pereira da Silva e *Os martírios de Jorge e Carolina*, que narra a história do romance *A viuvinha*, de José de Alencar.[45]

Contemporaneamente esta prática voltou com grande força. Tanto obras tradicionais do cânone quanto fábulas e contos de fadas, estão recebendo versões cordelizadas. A questão que se coloca, tendo em vista a apreciação do folheto na escola, é: como deverá ser a abordagem destas obras em sala de aula? Um caminho que certamente não contribuiria para a formação de leitores seria simplesmente substituir a leitura das obras tradicionais pela adaptação. O leitor tem o direito de ter acesso às obras clássicas. Nesta perspectiva, uma abordagem que nos parece adequada deveria propiciar um encontro das obras. Em outras palavras, ler o original e a recriação do poeta e procurar discutir questões como: em que aspecto as narrativas se encontram? Em que se distanciam? O poeta popular optou por uma mera transcrição da obra ou enfatizou certos aspectos e deixou outros na sombra? Que efeito esta opção pode ter? Comentando a versão de *A espanhola inglesa*, de Miguel de Cervantes, feita pelo poeta Manoel Monteiro, Cláudio Henrique Sales Andrade afirma:

> O desfecho que ele imaginou é diferente do que Cervantes escreveu. Ele próprio o diz na última estrofe. Ora, eu penso que é bom que seja assim, porque você terá mais um motivo para ler a novela de Cervantes. E assim fazendo vai poder apreciar a beleza destas "duas irmãs": *A espanhola inglesa*, na versão espanhola e a versão brasileira de *A espanhola inglesa* (ANDRADE, 2003, p. 59).

No início do século XX, o poeta João Martins de Athayde adaptou a clássica tragédia *Romeu e Julieta*, de Shakespeare. O adaptador é fiel ao enredo, mas no último verso revela seu ponto de vista, o que pode favorecer uma boa discussão:

---

45 Para um estudo detalhado do conceito de *romance* na literatura de cordel e sobre algumas adaptações, consulte-se a pesquisa de Maria José F. Londres, 1983.

> Quem odeia a covardia
> Tem de dizer como eu,
> Como o rapaz não vingou-se
> De tudo que o pai sofreu
> Eu escrevi mas não gosto
> Do romance de Romeu.

Mais recentemente, a poetisa Maria Ilza Bezerra também cordelizou *Romeu e Julieta*. Um caminho de leitura seria confrontar as duas adaptações feitas em cordel com a peça do dramaturgo inglês. Algumas questões poderiam nortear esta atividade: os folhetos dão destaque para algum personagem? O fato de uma mulher ter reescrito a peça traz alguma modificação no folheto? Em que as três versões mais se parecem? Em que se diferenciam? Poder-se-ia também levar um filme para a sala de aula e ampliar a discussão, agora dialogando com uma nova arte.

No âmbito da denominada literatura infantil vem crescendo o número de adaptações de contos de fadas, fábulas e narrativas populares para o cordel. Destacamos o trabalho de Manoel Monteiro que, dentre outros, adaptou a fábula "A cigarra e a formiga", o conto de fadas "Chapeuzinho vermelho" e o clássico de Collodi, *Pinóquio*. Sua versão de "A cigarra e a formiga", embora mantenha o viés moralista, realiza alguns acréscimos e deslocamentos. Ao apresentar a cigarra, não deixa de trazer um certo reconhecimento do valor de seu canto, como podemos observar a seguir:

> Cigarra canta e, cantando,
> Deixa a vida caminhar
> Foi assim que uma delas
> Estava alegre a cantar
> Quando uma formiguinha
> Conduzindo uma folhinha
> Parou para a saudar.

Diferentemente de La Fontaine, na fábula de Monteiro a Formiga socorre a Cigarra, mas não abdica de dar sua lição de moral:

Lembra daquela Cigarra
Que a Formiga saudou?
Em sua porta chegou
Ao se lembrar da amiga
Foi pedir pão à Formiga
Que lhe deu pão, mas, falou:

Você amiga Cigarra
Levou a vida cantando
Enquanto tenho vivido
Dia e noite trabalhando,
Se hoje falta pão aos teus
Para mim e para os meus
Tem pão na mesa sobrando.

Uma atividade possível seria a leitura das diferentes versões desta fábula, a começar com a versão de La Fontaine, seguida por Monteiro Lobato (s.d.) com "A formiga boa" e "A formiga má" e encerrando com o significativo poema de José Paulo Paes (1998), denominado "Sem barra".

Este mesmo procedimento de comparar diferentes textos pode ser trabalhado com inúmeras outras versões/adaptações, como a do conto de fadas "Chapeuzinho vermelho", já indicado, com o próprio *Pinóquio* e narrativas que estão chegando ao mercado livreiro a cada dia.

Outro viés a ser observado, que revela a vitalidade da literatura de cordel, são as adaptações de folhetos tradicionais para narrativas infantis. Dois exemplos se destacam: primeiro, a recontagem de *Juvenal e o dragão*, de Leandro Gomes de Barros, por Rosinha (2011); segundo, a adaptação de *O romance do pavão misterioso*, de José Camelo de Melo Rezende, feita por Ronaldo Correia de Brito e Assis Lima (2004). O primeiro livro reconta partes do enredo do folheto, de modo bastante conciso, preservando o caráter aventuresco e fantástico da narrativa de Leandro. O livro traz, ao final, o folheto integral, o que favorece, mais uma vez, a leitura comparada. O segundo, embora se aproprie do enre-

do do folheto, não faz referência à autoria deste clássico da literatura de cordel.[46]

46 Sobre as relações intersemióticas entre o folheto do pavão misterioso, o romance *A botija*, de Clotilde Tavares (2006) e a narrativa *O pavão misterioso* de Brito (2004), veja-se o artigo "Criação e recriações de um pavão misterioso", de Alyere Silva Farias (2009).

2.9 O viés do absurdo

A literatura popular nordestina, além das cantorias, dos cantadores e dançadores de coco e de ciranda, e dos poetas de bancada (poetas que não eram improvisadores), teve um tipo de circulação oral que ia muito além da experiência de leitura e recitação do folheto. Estrofes e mais estrofes de cantadores, de poetas anônimos, que versavam sobre o dia a dia das comunidades rurais e urbanas, regavam a experiência destes grupos sociais. O exagero, o *nonsense*, sempre foi uma marca desta literatura. E, neste viés, um poeta teve destaque: trata-se da figura de Zé Limeira, que se tornou conhecido através da obra *Zé Limeira poeta do absurdo*, do escritor Orlando Tejo.

O modo como realiza determinadas aproximações de personagens de tempos e espaços distintos e as ações que essas figuras realizam assumem um caráter absurdo ou até mesmo fantástico e indicam a verve alegre, brincalhona, do poeta. Observemos, por exemplo, a presença de Jesus e outros personagens bíblicos e históricos.

> Eu me chamo Zé Limeira
> Da Paraíba falada,
> Cantando nas Escrituras,
> Saudando o pai da coaiada,
> A lua branca alumia,
> Jesus, José e Maria,
> Três anjos na farinhada.
>
> Jesus foi home de fama
> Dentro de Cafarnaum,
> Feliz da mesa que tem
> Costela de gaiamum;
> No sertão do Cariri
> Vi um Casal de siri,
> Sem compromisso nenhum.
>
> São Pedro, na sacristia,
> Batizou Agamenon,

Jesus entrou em Belém
Proibindo o califon,
Montado na sua ideia,
Nas ruas da Galileia
Tocou viola e pistom.

Jesus saiu de Belém,
Viajando pro Egito,
No seu jumento bonito,
Com uma carga de xerém,
Mais tarde pegou um trem,
Nossa Senhora castiça,
De noite ele rezou missa
Na casa dum fogueteiro,
Gritava um pai de chiqueiro:
Viva o chefe da puliça.

A partir de um mote denominado *Viva a moça mais bonita*, o poeta improvisa:

Já namorei uma Rosa
Que era nega cangaceira,
Gostava de fazê feira,
Tinha uma boca mimosa,
Mas, por modo dessa prosa,
Escrevi pra Santa Rita...
Ronca o pombo na guarita,
Passa um porco no chiqueiro,
Diz o bode no terreiro:
Viva a moça mais bonita.

Um dos momentos em que a mistura de personagens se dá de modo marcante aparece nas duas estrofes que se seguem, cujo mote é *Viva o Novo Testamento*. Observe-se que o poeta atribui ações e invenções a personagens diversos. Seu intento é criar a situação absurda e também conseguir o ritmo adequado:

Pedro Álvares Cabral,
Inventor do telefone,
Começou tocar trombone

Na volta do Zé Leal!
Mas como tocava mal,
Arranjou dois instrumento...
Daí chegou um sargento
Querendo enrabar os três,
Quem tem razão é o freguês,
Viva o Novo Testamento.

Um dia Nossa Senhora
Se encontrou com Rui Barbosa,
Tiraro um dedo de prosa,
Voltaro e foram-se embora;
Judas se enforcou na hora,
Numa corda de cimento,
Botou os filhos pra dentro,
Foi pra barca de Noé,
Viva a princesa Isabé,
Viva o Novo Testamento.

Em todo Nordeste circulava este tipo de poesia, cujo efeito era o riso, nascido do desencontro de tempos, de personagens e outros absurdos. O próprio Patativa do Assaré, instado pela poesia de Zé Limeira, entrou na brincadeira e escreveu o "Encontro de Patativa do Assaré com a alma de Zé Limeira o poeta do absurdo". Trata-se de um poema em décimas, com versos eneassílabos – "nos dez de galope da beira do mar".

Os tópicos discutidos neste capítulo oferecem um amplo painel da literatura de cordel: temas significativos devidamente exemplificados, informações históricas e, indiretamente, sugestões de abordagem. No capítulo seguinte nos detemos mais especificamente nas abordagens metodológicas, visando contribuir para *formar leitores* de folhetos e de literatura em geral. Ativar a leitura literária na escola vem se constituindo um desafio cada vez mais difícil de ser enfrentado.

3. TRABALHANDO COM CORDEL: SUGESTÕES METODOLÓGICAS

3.1 De posturas e métodos

Em suas reflexões sobre cultura popular e cultura erudita, Alfredo Bosi (1992) afirma que "só há uma relação fecunda entre o artista e a vida popular: a relação amorosa. Sem um enraizamento profundo, sem uma empatia sincera e prolongada, o escritor, homem de cultura universitária, e pertencente à linguagem redutora dominante, se enredará nas malhas do preconceito, ou mitizará irracionalmente tudo o que lhe pareça popular, ou ainda projetará pesadamente as suas próprias angústias e inibições na cultura do outro, ou, enfim, interpretará de modo fatalmente etnocêntrico e colonizador os modos de viver do primitivo, do rústico, do suburbano" (BOSI, 1992, p. 331).

As palavras de Bosi, embora endereçadas ao escritor, são válidas para o professor em geral e para o agente cultural. O trabalho com a literatura popular pressupõe essa "empatia sincera e prolongada" e, sobretudo, uma "relação amorosa". Diria, também, uma atitude humilde, receptiva diante da cultura popular para poder apreender-lhe os sentidos e não interpretá-la de modo redutor. Não se trata, por outro lado, de hipervalorizar as produções culturais de vertente popular, mas de compreendê-las em seu contexto, a partir de critérios estéticos específicos, para poder perceber sua dimensão universal.

Compreendemos que qualquer sugestão metodológica no campo do trabalho com a literatura de cordel pressupõe este envolvimento afetivo com a cultura popular. Estudos recentes sobre metodologia de ensino têm rompido com uma visão tecnicista da didática. Nesta perspectiva, "os métodos de ensino têm que considerar em seus determinantes não só a realidade vital da escola (representada principalmente pelas figuras do educador e do educando) mas também a realidade sociocultural em que está inserida" (RAYS, 1996, p. 86). Pensar elementos metodológicos para o trabalho com a literatura de cordel pressupõe "superar a imagem falsa da metodologia do ensino que preconiza a unilateralidade do processo educativo e despreza a dialeticidade dos fatos educativos e sociais existentes na prática pedagógica" (RAYS, 1996, p. 94). Uma prática pedagógica que lança mão da literatura de cordel apenas como fonte de informação (pesquisas sobre fatos históricos, sobre determinados personagens – Getúlio Vargas, padre Cícero etc. – sobre fatos da linguagem), que retoma esta produção cultural apenas como objeto de observação, parece-me inadequada para a sala de aula – sobretudo para o Ensino Fundamental. Ela não consegue oportunizar um encontro com a experiência cultural que está ali representada e, de certo modo, como que esvazia o objeto estético.

Um procedimento metodológico que oriente o trabalho com o cordel terá que favorecer o diálogo com a cultura da qual ele emana e, ao mesmo tempo, uma experiência entre professores, alunos e demais participantes do processo. Muitas vezes pode-se descobrir entre os funcionários da própria escola apreciadores da literatura popular, praticantes, ou, no mínimo, alguém que teve ou tem algum tipo de ligação com ela. Deve-se, portanto, recolher dos próprios alunos relatos de vivências, experiências deles conhecidas, e, ao mesmo tempo, partir das obras – os folhetos – e penetrar nas questões que lá estão representadas. A experiência com a poesia oral está presente em toda a comunidade, em qualquer região do país. Neste sentido, é importante valorizar as experiências locais, descobrir formas poéticas que circulam no lugar específico de cada leitor. Certamente há diferentes manifestações da poesia popular nas diferentes regiões. Descobri-las, dar-lhes visibilidade é uma tarefa da maior importância na formação leitora e cultural de nossos alunos.

A ideia de sugerir atividades e procedimentos para serem trabalhados na realidade escolar precisa ser compreendida não como um receituário, antes como pistas para fazer com que a literatura de cordel possa ser experimentada, vivenciada pelos leitores e não apenas observada como algo exótico para alguns. Sugestões a gente ouve, adapta à nossa realidade, desconfia delas, esquece-as, retoma em outro momento, recria, inventa outras. Elas são, portanto, pontos de partida, e servem, sobretudo, para o professor que ainda não tem uma experiência acumulada de atividades neste âmbito. Esta postura diante das sugestões precisa ser levada a sério, para não ficarmos mecanicamente fazendo o que o manual ou o especialista nos indica. Dito de outra forma, embora na vida estejamos quase sempre imitando e toda a aprendizagem comece por imitação, do ponto de vista didático-pedagógico é fundamental estar atento à realidade particular em que se vive – sala de aula, grupo de leitura, biblioteca, grupos de naturezas diferentes – para a partir daí propor atividades de leitura.

Entretanto, com relação ao folheto, a atividade fundamental é mesmo a leitura oral. As sugestões que seguem aqui não prescindem da leitura das histórias. E ler em si, mesmo sem fazer nada a partir disto, já é grande coisa. Toda atividade de leitura deve ser antecedida de alguns cuidados. É sempre bom sondar o "horizonte de expectativa" de nossos leitores. De que gostam? Quais seus interesses mais imediatos? Como encaram experiências diferentes das suas? Que experiências culturais lhe são mais determinantes? Estas questões devem estar sempre presentes para o profissional de ensino. A partir daí ele poderá partir de uma história que, de um modo ou de outro, possa tocar seus leitores. A porta de entrada é fundamental. Depois se vai ampliando a experiência de leitura, vai-se abrindo a visão às vezes estreita do leitor adolescente. Partindo do princípio de que o gosto pode e deve ser educado, é fundamental insistir na leitura – não só do cordel. E leitura muitas vezes como trabalho na busca de significação. É inegável que o *prazer de ler* deve ser cultivado, mas ele não pode também ser bestializado. Isto é, em nome do prazer de ler há uma tendência forte de cultivar a facilitação, de eliminar o esforço pessoal, o trabalho de compreensão. Desta forma, tudo fica confortável, mas descartável. Um livro lido há um mês, logo depois já está esquecido. Lembremos aqui que a alegria de ler – como toda alegria – não deve prescindir do esforço. Hélio Pellegrino (1988) refletiu com acuidade sobre esta questão e deixou-nos um depoimento de grande importância:

> Assim é a alegria – como uma asa que irrompe. Não cai do céu, nem salta do mar, nem nos bate à porta de repente, como visita de anjo. Ela é o barco que projetamos e construímos, no espaço do nosso tempo – vida nossa. Há que construir. Trabalhar. Operar o pão de cada dia, com diligente paciência. A alegria nos visita à tarde, ou pela noite, quando somos densos de um maduro cansaço (p. 145).

Experiências culturais fortes e determinantes de grandes obras artísticas como o cordel – seu valor não está apenas nisto – estão praticamente esquecidas e a escola pode ser um espaço de divulgação destas experiências. Sobretudo mostrando o que nelas há de vivo, de efervescente, como ela vem sobrevivendo e adaptando-se aos novos contextos socioculturais. Como elas têm resistido em meio ao rolo compressor da cultura de massa.

3.2 De leituras e atividades

As sugestões, embora topicalizadas, não são estanques. Muitas vezes uma está diretamente ligada à outra e podem se complementar. Neste sentido é importante que o professor, se quiser lançar mão delas, adapte-as à sua experiência pessoal de leitor.

1) A leitura oral dos folhetos de cordel, como já afirmamos, é indispensável. Portanto, a primeira e fundamental atividade deve ser a de ler em voz alta. E, se possível, realizar mais de uma leitura. Esta repetição ajudará a perceber o ritmo e encontrar os diferentes andamentos que o folheto possa comportar e trabalhar as entoações de modo adequado. Trata-se de dar expressividade à leitura – encontrar o seu *páthos*, o núcleo afetivo da narrativa. Por exemplo, se a narrativa tem um tom humorístico a leitura deverá realçar esse traço; se apresenta um tom dramático, como *A morte de Nanã*, de Patativa do Assaré, a leitura pedirá uma realização diversa, que valorizará os momentos fortes de dor, de desalento e até de revolta. Portanto, diferentes e repetidas leituras em voz alta é que vão tornando o folheto uma experiência para o leitor. Havendo diálogo na narrativa – sobretudo *pelejas*, dois alunos(as) deverão resolver a contenda. A leitura deverá sempre ser treinada antes de vir a público. Se os alunos tiverem familiaridade com a literatura de cordel, o professor deve estimular para que falem de suas experiências, de suas leituras, de histórias que saibam de cor. O professor deve estimular, sobretudo, para que tragam folhetos de casa a fim de que todos conheçam minimamente esse tipo de produção cultural.

É indispensável que o professor prepare bem a leitura do folheto, tendo em vista que as gerações mais jovens podem não ter convivência com a literatura de cordel. Dada a temática de cada narrativa, muitas atividades podem ser feitas com ou a partir dos folhetos.

2) Encontramos na literatura de cordel uma variedade de temas, situações humanas, tragédias, comédias, casos inusitados, relatos históricos, imaginários e tantas coisas mais. Essa riqueza de abordagens assume tons diferenciados, visões de mundos às vezes conflitantes, ideologias diversas. Essa diversidade pode ser aproveitada para instigar debates, discussões em sala de aula.

Qualquer que seja o método de abordagem do texto literário, o *debate* em algum momento deverá ser sempre privilegiado. Debate "oral ou escrito, consigo mesmo, com os colegas, o professor, ou a comunidade, conscientizando o aluno de seu papel de herdeiro da cultura de seu povo e de agente transformador dessa cultura" (BORDINI, 1985, p. 47). Tanto é possível discutir determinados assuntos a partir de um folheto quanto compará-lo com outros. Por exemplo, em *Viagem a São Saruê*, de Manuel Camilo dos Santos, pode-se discutir esse lugar ideal que o poeta nos apresenta. Trata-se de uma utopia que, no entanto, chama a atenção, por contraste, para as desigualdades sociais que se vive no presente. Instigar o aluno para pensar essa utopia e o porquê de ela não se realizar. Uma boa sugestão é comparar São Saruê à Pasárgada de Bandeira. Observar, nesta comparação, as diferentes perspectivas que cada poema assume. Em Bandeira um discurso mais individualista, em São Saruê a perspectiva individual se insere em um contexto mais social. O objetivo da comparação é estimular a discussão, o diálogo, o confronto de pontos de vista e chamar a atenção para o fato de que a literatura de cordel coloca na ordem do dia questões humanas fundamentais (RESENDE, 1993, p. 159).

3) Uma atividade agradável e que recupera a capacidade da criança e do jovem de fantasiar, de recriar a realidade, é a realização de *jogo dramático*. Pensamos nesta atividade sobretudo com alunos dos anos iniciais do Ensino Fundamental. Mas o que é jogo dramático? Como realizá-lo? Retomemos rapidamente alguns traços desta atividade educativa. Para Ryngaert: "O jogo dramático não está subordinado ao texto. Este é substituído pela palavra improvisada ou estabelecida a partir de um guião (1981, p. 34). À dimensão lúdica e prazerosa do jogo articula-se a descoberta das virtualidades individuais e grupais – capacidade de inventar, de descobrir, de experimentar qualquer aventura sem os riscos da realidade. De um ponto de vista estritamente prático,

"O jogo dramático não necessita de cenários, trajes ou adereços no sentido tradicional. A construção do espaço de jogo faz-se a partir do espaço escolar e do mobiliário corrente chamados a novas funções" (RYNGAERT, 1981, p. 35). Trata-se de uma improvisação a partir de qualquer situação. No caso de se estar trabalhando com folhetos, as histórias que envolvem animais facilmente podem instigar a realização de jogos dramáticos. Uma festa de animais com seus diálogos, discussões, apresentações artísticas e até mesmo as confusões e as brigas podem ser reinventados através deste tipo de atividade.

É bom lembrar aos estudantes que a literatura de cordel já inspirou inúmeras peças de teatro de modo determinante ou não. Por exemplo, *A casa do bode*, de J. Carlos Lisboa, *O auto da compadecida*, de Ariano Suassuna, alguns momentos de *Morte e vida severina*, de João Cabral de Melo Neto.

4) Outra atividade que pode ser realizada em sala de aula – e que inclusive atende bem à perspectiva de interdisciplinaridade tão em voga – é discutir e trabalhar as ilustrações típicas dos folhetos, que são as *xilogravuras*. Depois que os alunos conhecerem um número significativo de xilogravuras, deve-se conversar sobre esta forma de produção cultural, chamando a atenção para as condições sociais em que foram e continuam sendo produzidas, sua relação com as histórias, seu caráter mais ou menos realista ou fantasioso, dentre outras questões. Hoje, pode-se dizer que as xilogravuras têm uma certa autonomia e também muitos folhetos recentes não as utilizam. Também aqui se faz necessário lembrar que a xilogravura tem influenciado inúmeros artistas plásticos do país. Chamar a atenção para o diálogo que se estabelece entre determinado artista com as xilogravuras de artistas populares – influências recebidas, traços predominantes, formas, temas e motivos. Os alunos podem inclusive criar xilogravuras a partir de sua realidade – envolvendo a sala de aula, a escola, o bairro etc.

5) Os cordéis podem ser cantados. Eis um fato que talvez seja instrumento de vivências agradáveis em sala de aula. Cantar com toda a turma uma canção, cantar em pequenos grupos, sugerir que os próprios alunos criem música para as histórias é um bom começo de conversa. É muito importante que se mostre o quanto uma vertente da MPB bebeu e continua bebendo no fecundo poço do cordel. Compositores nordestinos souberam redimensionar ritmos, criar uma música com face peculiar. Algumas músicas de Zé Ramalho, Alceu Valença, Antônio Nóbrega, Mestre Ambrósio, entre outros, apresentam claramente influência de ritmos e motivos oriundos do cordel – notadamente dos cantadores e violeiros. Também alguns artistas cantaram poemas de cordel, como Fagner com o poema "Vaca Estrela e boi Fubá", e Luiz Gonzaga, que tornou conhecidíssima a "Triste partida", de Patativa do Assaré. Outras composições beberam na fonte específica dos emboladores, como é o caso de "Aquidauana", de Chico César.

6) Dependendo do lugar e das condições locais, algumas atividades envolvendo toda a escola podem ser realizadas. Se o acesso a folhetos for fácil (alguma feira local, casa do poeta, pedidos a alguns divulgadores...), uma boa ideia é a realização de uma Feira de Literatura de Cordel. A Feira pode ser realizada em uma tarde, uma manhã, durante um dia; por exemplo, ser uma atividade específica, mas também figurar dentro de uma semana cultural, artística etc. Ela pode compreender diferentes atividades, como as que elencamos a seguir:

a) folheteiros vendendo seus folhetos;

b) emboladores e violeiros cantando, fazendo desafios, improvisando;

c) exposição de xilogravuras e de folhetos antigos e/ou novos;

d) murais com reportagens sobre cordelistas e literatura de cordel em geral;

e) palestras e oficinas de criação de poemas de cordel, realizadas por poetas locais;

f) encenações de histórias de cordel adaptadas para o teatro ou de peças inspiradas em folhetos;

g) apresentação de músicas populares influenciadas pela literatura de cordel ou de cordéis musicados por artistas da MPB ou pelos próprios alunos. Lembrar que o uso do pandeiro é fundamental, sobretudo nas músicas influenciadas por emboladas;

h) sessões de cinema com filmes inspirados em folhetos ou que, de algum modo, toquem na questão da literatura de cordel.

A Feira pode conter outras atrações. Tudo dependerá de como o trabalho foi feito, como os alunos foram estimulados e das condições materiais para trabalhar, assim como da própria inventividade do grupo de trabalho. Mais um lembrete: o convite pode ter uma xilogravura, o convite pode ser em versos etc.

7) Outra atividade que pode ser desenvolvida em sala de aula, sobretudo nos anos iniciais do Ensino Fundamental, é ilustrar livremente algumas narrativas ou parte delas. Materiais e procedimentos o próprio professor é que escolhe: uso de lápis de cor, de guache, aquarelas etc. Também se pode trabalhar com colagens com toda uma turma montando um amplo painel e utilizando diferentes materiais. Realizar atividades com sucatas pode ser bastante rico: por exemplo, como os alunos recriariam o "pavão misterioso", "João Grilo", dentre tantas outras figuras e animais que povoam os folhetos (sugestões de como trabalhar com sucata podem ser encontradas no livro de Luise Weiss, *Brinquedos & engenhocas: atividades lúdicas com sucata*).

O mais importante de tudo isto é que a literatura de cordel seja percebida como uma produção cultural de grande valor e que precisa ser conhecida, preservada e cada vez mais integrada à experiência de vida de nossas novas gerações.

8) Trabalhando com a criação

Há experiências ricas de *criação* de histórias em sala de aula. É bom estar atento ao fato de que as atividades de criação literária em sala de aula não devem ser impostas. Há alunos – e nem sempre são poucos – que não sentem propensão para criar, embora gostem de ler, e eles devem ser respeitados. Nesse ponto, o bom-senso do profissional de ensino é o guia. Às vezes, com uma boa motivação, nossos alunos se aventuram e descobrem dimensões escondidas de sua própria personalidade através da criação. O mais importante é que se houver esse tipo de atividade criativa, todo o processo seja alegre, mesmo que trabalhoso, e que não destrua a fruição vivenciada pelos alunos com a leitura dos folhetos.

A proposta de criação tendo como estímulo um poema, uma crônica, uma notícia de jornal, uma ilustração comparece em quase todos os manuais. Trata-se de uma atividade didática que, se eventual e bem encaminhada, pode conduzir a bons resultados. Alguns desses procedimentos são muitas vezes utilizados por escritores e artistas em geral. Os artistas têm como suporte, admitam ou não, a cultura em que estão inseridos, as formas artísticas que os antecederam, as vivências pessoais, as observações sobre a vida, os costumes a que estão ligados. A toda esta matéria aplicam sua sensibilidade e inteligência. O poeta Manoel Monteiro escreveu um folheto que pode ajudar na construção de sextilhas, setilhas ou mesmo narrativas mais longas. Trata-se de *Quer escrever um cordel? Aprenda a fazer fazendo*. Em 16 páginas o poema primeiro informa sobre o cordel – sua origem – e ao mesmo tempo discute a ideia de que os folhetos eram pendurados em barbantes ("Eu mesmo nunca vendi/Folhetos desta maneira;/Os conduzia arrumados/Numa mala de madeira)". A seguir fala dos pioneiros da literatura de folhetos e enaltece o valor de uma aula feita em versos ("A turma toda se anima/Até os mais inibido s.deixam-se levar no clima/Da interatividade,/Pela musicalidade/Da métrica e do som da rima"). Depois o poeta define *métrica, estrofe, sílaba poética, tipos de rima*, tudo de forma ágil, oferecendo ao leitor iniciante o contato com a técnica da criação de um poema. Em um certo momento ele critica o uso da "linguagem matuta", o que nos parece inadequado, uma vez que se deve observar o efeito produzido pelo poema. Um bom exemplo são os poemas de Patativa do

Assaré citados nesta obra e que de fato "não tiram a sonoridade", antes fazem ver outras possibilidades da língua.

Dentre os diferentes procedimentos de retomada consciente de produções artísticas que lhes precederam ou que lhes são contemporâneas, destacam-se a paródia e a paráfrase. No âmbito da poesia, que nos interessa aqui mais de perto, por exemplo, são muitas as paródias e paráfrases do poema "Canção do exílio", de Gonçalves Dias.[47]

Observe como a letra de "A mulher rendeira" foi retomada por Chico César em sua "Folia de príncipe".

Folia de príncipe

Lampião desceu a serra
Deu um baile em Cajazeiras
Ensinou moça donzela
A dançar mulher rendeira

Lampião desceu a serra
Com sapato de algodão
O sapato pegou fogo
Lampião caiu no chão

(...)

Lampião tava dormindo
Acordou-se assustado
Atirou numa craúna
Pensando que era um soldado

As moças de Vila Bela
Não têm mais ocupação
Bota queijo e rapadura
No bornal de Lampião

(...)

---

47 Sobre paródia e paráfrase consulte-se *Paródia, paráfrase & cia.*, de Affonso Romano de Sant´Anna e *O intertexto escolar*, de Samir Meserani. Questões de leitura, aula e redação são muito bem discutidas por Meserani, cuja abordagem não cai em um tecnicismo tantas vezes estéril neste tipo de discussão.

Mulher rendeira

Olê, mulher rendeira
Olê, mulher rendá
Tu me ensina a fazer renda
Qu'eu te ensino a namorar

As moças de Vila Bela
Não têm mais ocupação
É só ficar na janela
Namorando Lampião

Em sala de aula o professor interessado em atividades de criação pode sugerir que os alunos, motivados por diferentes leituras de poemas de cordel, reescrevam determinados fragmentos de poemas, modifiquem algumas ações, mudem pontos de vista ou qualquer outra atividade que as leituras poderão instigar.

Uma boa ideia é sugerir alguns *motes* para serem enfrentados pelos alunos. Por exemplo: a) *Menina não fuja agora/Que eu quero roubar-lhe um beijo*; b) *O ônibus tava lotado/Não deu pra moça subir*. As violeiras Minervina Ferreira e Mocinha da Passira cantaram o seguinte mote de sete sílabas: *Não pense que vou chorar/Porque você foi embora*. Vejamos as duas estrofes iniciais improvisadas pelas cantadoras:

Eu já superei a dor
Porque antes do Natal
Estava prevendo o final
De nosso caso de amor
Você me fez o favor
Ao sair de mundo afora
Agora não marco hora
Pra sair nem pra voltar
Não pense que vou chorar
Porque você foi embora.

Se quer partir pra sujeito
Eu fico no nosso abrigo
Só uma coisa lhe digo
Se voltar eu não aceito

Cada um tem o direito
De buscar sua melhora
Mas se surgir a piora
Procure um outro lugar
Não pense que vou chorar
Porque você foi embora.

Outros *motes* poderão ser retomados nos folhetos ou elaborados em sala de aula.

É possível que alguns alunos, após lerem uma peleja, ouvirem um desafio, conhecerem um ABC, sintam-se impulsionados a criar uma história. O lado lúdico, brincalhão, que marca algumas dessas formas de literatura pode ser mais aproveitado: por exemplo, sugerir que criem desafios entre alunos, entre salas de aula, cidades etc. Sempre é bom lembrar que o desafio termina bem, com o reconhecimento mútuo. Mas não só o desafio poderá conduzir à criação. São as experiências pessoais, familiares, grupais que podem ser motores da criação. Cada um pode transpor para um folheto suas experiências: uma paixão malograda, um sonho, um problema social inquietante, uma luta, um fato histórico, uma partida de futebol etc. Tudo isto pode ser tratado em tons diferentes: dramático, melancólico, lírico, bem-humorado, irônico, ou a mistura de diferentes tons.

Trabalhar com a apreciação e criação de quadras é também uma possibilidade que pode ser experimentada. O professor solicita aos alunos que tragam para a sala de aula algumas quadras para serem lidas. A seguir, entrega uma pequena amostragem deste gênero de poesia. Por exemplo, sugerimos a leitura de dois poetas distintos: Mario Quintana e Patativa do Assaré.

Mario Quintana

XXIV Da infiel companheira
Como um cego, grita a gente:
"Felicidade, onde estás?"
Ou vai-nos andando à frente...
Ou ficou lá para trás...

XXXVIII Do prazer
Quanto mais leve tanto mais sutil
O prazer que das coisas nos provém.
Escusado é beber todo um barril
Para saber que gosto o vinho tem.

LXXVI Da discrição
Não te abras com teu amigo
Que ele um outro amigo tem.
E o amigo de teu amigo
Possui amigos também...

CI Da conformidade
Isto de ideias singulares...
Um grande escolho!
Se em meio aos tortos por acaso andares.
Fecha um olho.

Patativa do Assaré

Ser poeta é ter paixão
E sentir da dor o espinho
Ter tudo no coração
E viver sempre sozinho.

Somente o rico na terra
Tem seu nome na história
Quando o pobre vence a guerra
O rico alcança a vitória.

A moléstia mais horrível
Que mais dói e mais inflama
É a ingratidão incrível
Da pessoa que a gente ama.

Na mulher sempre diviso
Um enigma sem par,
Deus a fez no paraíso
E ainda está por decifrar.

Como é que me diz um lente
Que mulher é parte fraca
Se o demônio prende a gente
Como o burro que estaca?

Moreninha, o meu desejo
Não é o que pensas tu,
Pois eu te pedi um beijo
E vens me dar um **beiju**.

> **Beiju.** Espécie de tapioca grande feita da massa de mandioca e assada no forno em que se torra a farinha.

Segue o tempo o seu caminho,
Um dia vai e outro vem,
Roubando assim de pouquinho
A beleza de meu bem.

Acho melhor ser amado
Sem possuir um vitém,
Do que ser muito abastado
Sem ninguém me querer bem.

A depender do nível de escolaridade da turma em que esteja trabalhando, o professor poderá chamar a atenção para algumas particularidades formais: por exemplo, observar que a maioria das *quadras* foi escrita em versos de sete sílabas e que o tipo de rima predominante é o ABAB, mas que há quadras que rimam apenas o segundo e quarto versos, como esta de Fernando Pessoa:

Deixa que um momento eu pense
Que ainda vives ao meu lado...
Triste de quem por si mesmo
Precisa ser enganado!

Arievaldo Lima e Klévisson Viana dão continuidade à *Festa dos cachorros*, do José Pacheco, com *O divórcio da cachorra*. Trata-se de um procedimento utilizado também por Ana Maria Machado em sua *História meio ao contrário*. Isto é, as narrativas de Ana Maria e dos autores de cordel iniciam onde findaram as histórias anteriores. Vejamos a terceira e quarta estrofes para ter ideia de como os autores procederam.

Casou-se sempre o cachorro
Com sua prima cadela
Muito embora que não fosse
Do agrado do pai dela
No dia dessa união

Houve grande confusão
Por causa de uma panela.
Como Pacheco não conta
Dizemos neste momento
O que foi que aconteceu
Depois deste casamento
Me disse Urubu do morro:
– Cachorra traiu Cachorro
No maior descaramento.

Muitas estrofes de cordéis referentes ao *No tempo em que os bichos falavam* podem também servir de ponto de partida para a criação em sala de aula. Leonardo Mota documentou algumas estrofes de Dantas Quadro que podem ser retomadas e reescritas[48].

Vi um **teú** escrevendo,   **Teú.** Ou tiú – é o teju-açu.
Um camaleão cantando
Uma raposa bordando,
Uma **ticaca** tecendo,   **Ticaca.** S.f.1. Bras. Zool. O mesmo que gambá.
Um macaco velho lendo,   2. Pop. Insignificância, coisa sem valor. [F.: De
Cururu batendo telha,   or. obsc.]
Trabalhando num **tissume**,
Vi um tatu num curtume   **Tissume.** Teçume ou
Cortando couro de abelha   tiçume S.m. 1. Ato
    de tecer. 2. A tecedura
    ou urdidura de redes
(...)   e outras peças caseiras.
    3. O entrelaçamento
    de varas ou de galhos,
Vi um morcego oculista   na construção de cercas.
Cachorro vendendo cana,
Joboti de russiana
E um gafanhoto dentista;
Urubu telegrafista
E gato tabelião,
Carneiro na Redação,
Um bode num escritório,
Caçote de suspensório   **Caçote.** Pequeno sapo.
Eu vi fazendo um sermão.

---

48 MOTA, Leonardo. *Violeiros do Norte*: poesia e linguagem do sertão cearense. 4. ed. Rio de Janeiro: Cátedra – MEC, 1976. p. 104-105.

Pode-se usar o mesmo procedimento sugerindo a mudança de personagens que passarão a ser os colegas de sala, os professores, familiares dos alunos autores, políticos e outros.

Na mesma linha de reescritura, pode-se sugerir que a turma realize variações a partir destas estrofes de um *coco*:

> O galo cantou
> É de madrugada
> Vamos tirar leite
> Na vaca maiada.
>
> O galo cantou
> É de manhãzinha
> Vamos tirar leite
> Na vaca mansinha.[49]

Vânia Maria Resende trabalhou com alunos de oitava série (hoje nono ano) a leitura em confronto de "Vou-me embora pra Pasárgada", de Manuel Bandeira, e *Viagem a São Saruê*, de Manuel Camilo dos Santos. As questões propostas por Vânia estimularam o debate e o confronto de produções culturais de origem diversa, mas, de algum modo, com proximidade temática. Segundo a autora, "os comentários e as respostas mostraram que os leitores depreenderam bem a afinidade da abordagem temática, reveladora da satisfação dada pela fuga para o plano do maravilhoso, que projeta os sonhos e os desejos íntimos da subjetividade, insatisfeita com a realidade imediata" (RESENDE, 1993, p. 104).

É sempre bom lembrar que as atividades de criação em sala de aula devem ter um caráter lúdico, favorecendo a livre expressão do aluno e jamais serem usadas de modo obrigatório ou para fins avaliativos. A mentalidade produtivista que tem invadido a escola faz com que alunos e professores não se permitam a apreciação artística livre de qualquer atividade posterior. Imaginemos

---

49 Coco cantado por Dona Lenita em Guruji, Paraíba. AYALA, Maria Ignez Novais; AYALA, Marcos. *Cocos*: alegria e devoção. Natal: EDUFRN, 2000. p. 201.

o desprazer que sentiríamos se tivéssemos que escrever algo sempre que lemos uma crônica, um livro de poemas ou qualquer outro texto. Portanto, sugestões de invenção e reinvenção a partir de texto não devem servir de camisa de força, antes, como momento alegre de tentativa de invenção e posterior socialização do que foi criado. É possível assim criar um ambiente agradável de invenção e apreciação dos folhetos sem o tormento da criação obrigatória. Afinal, como lembra Carlos Drummond de Andrade, precisamos mais de *amadores de poesia* do que propriamente "autores".

O modo como trabalhamos o texto literário revela, muitas vezes, nossas simpatias, nossa abertura, mas também nossos preconceitos, nossas posturas etnocêntricas, sobretudo quando nos propomos a trabalhar qualquer modalidade da cultura popular. Certamente muitas sugestões de atividades apresentadas neste capítulo pressupõem uma atitude diferenciada ante a cultura popular. Trata-se de se perguntar: meu olhar sobre a cultura popular é aquele, predominante na escola brasileira, que a vê como folclore, como algo exótico, como se fôssemos alheios àquilo tudo, ou sei reconhecer nos meus gestos, nos meus gostos, nos ritmos que gosto de ouvir e dançar, nos sabores que encantam meu paladar, as marcas do que se convencionou chamar de cultura popular?

4. GLOSSÁRIO SOBRE OS ARTISTAS DO CORDEL

Antônio Américo de Medeiros nasceu em 1930 em São João do Sabugi, RN. Desde cedo seguiu carreira de cantador pelo Nordeste até que se estabeleceu na cidade de Patos, PB, onde criou um programa de violeiros que foi ao ar por décadas, pela rádio Espinharas. A temática do cangaço é a que mais se destaca em sua obra. Escreveu: *Os mestres da literatura de cordel, A moça que mais sofreu na Paraíba do Norte, O fracassado ataque de Lampião à cidade de Mossoró, Segunda peleja do poeta e repentista Antônio Américo com José Costa Leite, A vida de Antônio Silvino, O Marco do Sabugi, A vida de Lampião – intriga, luta e cangaço.*

Antônio de Araújo Lucena nasceu em Cajazeiras, PB, em 1931, e faleceu em Campina Grande em 2005. Além de poeta, foi também importante xilogravurista, arte que aprendeu sozinho. Aprendeu a fazer versos de cordel frequentando feiras da região. Seus folhetos, além do bom humor, revelam qualidade formal de destaque. Escreveu: *As proezas de João Grilo Neto, O sabiá da palmeira, O pastor que virou bode, O jegue que casou com a jega, O ateu que virou jegue.*

Apolônio Alves dos Santos tem uma obra vasta, voltada para temas do cotidiano, narrativas populares, tragédias naturais e problemas sociais. Nascido em Guarabira (1926), viveu muito tempo no Rio de Janeiro e findou seus dias em Campina Grande, PB, vindo a falecer em 1998. Escreveu, dentre outras obras, *A guerra da inflação e o valor do cruzado, A mulher que dançou com o diabo em uma boate em Campina, A tragédia das enchentes em todo Rio de Janeiro, Eleições Diretas Já para um novo presidente, Greve e mortes em Volta Redonda, História do boi que falou em Minas Gerais, O ABC do feijão e o tumulto nas filas, O massacre dos Sem-terra no Pará e a Reforma Agrária.*

Ciro Fernandes nasceu em Uiraúna, PB, migrou para o Rio de Janeiro aos 17 anos e passou a ilustrar as capas de folhetos dos poetas que ocupavam a Feira de São Cristóvão. Ilustrou capas de livros de autores como Orígenes Lessa, Raquel de Queiroz, Ana Maria Machado, Gilberto Freire e outros. Participou de exposições como o Salão Carioca de Arte, Salão Nacional de Artes Plásticas, além de exposições na Suíça, Alemanha, Dinamarca. Informação retiradas do *site* <http://www.opapeldaarte.com.br/ciro/>.

Francisco das Chagas Batista nasceu em 1882 no sítio Riacho Verde, a poucos quilômetros da então Vila de Teixeira, PB. Ainda jovem mudou-se para Campina Grande. Seu primeiro folheto, *Saudades do sertão*, foi publicado em 1902 e vendido nas feiras do brejo paraibano – região das cidades serranas, como Areia, Bananeiras, Guarabira etc. Segundo Pimentel (2004, p. 72), Chagas Batista foi poeta, livreiro e editor e teve o mérito de "escrever o trabalho mais importante, até então, sobre poetas populares e autores de literatura de cordel – *Cantadores e poetas populares* (Paraíba, Popular Editora, 1929)". Fundou a *Livraria Popular Editora*, destinada à comercialização de livros, jornais e revistas eruditas e populares na Paraíba (então nome da cidade de João Pessoa). Editou folhetos seus e de outros poetas, como de seu amigo Leandro Gomes de Barros (PIMENTEL, op. cit., p. 80). Foi, com Leandro Gomes, um dos pilares na produção e divulgação da literatura de folhetos em seu nascedouro. Publicou, entre outras obras, *A vaci-*

na obrigatória, A questão do Acre, A história de Antônio Silvino, A morte de Cocada e a prisão de suas orelhas, A formosa Guiomar, A maldição da nova seita, A descrição da Amazônia, A história da imperatriz Porcina.

Francisco Romano era também cantador e proprietário de terra e teria sido, segundo Almeida e Sobrinho (1978), mestre de Silvino Pirauá.

Franklin de Cerqueira Machado, "Maxado Nordestino, nasceu em Feira de Santana, Bahia, em 1943. Formado em direito e jornalismo, Maxado, após quinze anos trabalhando em jornais de São Paulo, retornou à sua terra natal onde hoje se dedica integralmente à xilogravura e à poesia de cordel. Publicou *Eu quero ser madamo e casar com feminista, Debate de Lampião com uma turista americana, A madame sulista que foi no mangue baiano, Aventuras duma doutora carioca e feminista*". Fonte: <http://www.casaruibarbosa.gov.br/cordel/janela_perfis.html>.

Firmino Teixeira do Amaral era piauiense, cunhado do cego Aderaldo. Segundo Almeida e Sobrinho (1978, p. 63), o poeta terminou sua vida em Belém, funcionário da Editora Guajarina. O autor publicou, entre outros títulos, *O debate do cego Aderaldo com Jaca Mole, A festa dos bichos ou aventuras de um porco embriagado, História de Joãozinho o filho de Cancão de Fogo, A vida do seringueiro*, entre outras obras.

Inácio da Catingueira era cantador negro, escravo.

Inocêncio Medeiros da Costa ou Inocêncio da Costa Nick (Mestre Noza) era do grupo de "santeiros do padre Cícero". Nascido em Pernambuco, em 1897, mudou-se para Juazeiro do Norte aos 15 anos. Foi o primeiro artista a ser publicado em álbum de gravuras populares brasileiras com a sequência da Via Sacra, em Paris (1965), e a trabalhar por encomenda para um produtor cultural (Fonte: <www.100anosxilogravuranocordel.com.br>). No *site* do Museu de Arte da UFC (www.mauc.ufc.br>) é possível visualizar uma série de xilogravuras de Mestre Noza, incluindo a Via Sacra.

Januí Dantas Nóbrega nasceu em Patos, PB, em 1964. Professor de português, é também autor de peças teatrais. Seus folhetos trazem fortes marcas da religiosidade popular católica. Escreveu: *A alma do senador que caiu na lábia do cão, A mulher que vendeu o marido por 1,99, O enterro da papa-hóstia da língua grande demais, Peleja da carta com o e-mail, Teologia da libertação: a fé na política.*

João Antônio de Barros nasceu em 1935 no município de Glória do Goitá em Pernambuco e faleceu em São Paulo, em 2009. Migrou para São Paulo na década de 1970 e viveu da sua arte, cantando, escrevendo e ilustrando capas de folhetos de inúmeros poetas, também migrantes.

João Martins de Athayde nasceu em 1887 em Cachoeira da Cebola, município do Ingá, na Paraíba, e faleceu em 1959 em Pernambuco. Com a morte de Leandro Gomes em 1918, comprou em 1921 os direitos da obra do poeta pioneiro e passou a ser um grande editor de folhetos. Segundo Waldemar Valente (2000, p. 25), João Martins era "um poeta voltado para o amor, para a aventura, para o grotesco, para o mundo da imaginação". Há dúvidas quanto à autoria de alguns de seus folhetos com a venda de seus direitos autorais a José Bernardo da Silva. Destacamos algumas de suas obras: *Romeu e Julieta, A bela adormecida no bosque, A sorte de uma meretriz, A chegada de João Pessoa no céu, A moça que foi enterrada viva, Em homenagem às mulheres, O retirante, O marco do meio do mundo, Peleja de Ventania com Pedra Azul.*

João Melquíades Ferreira da Silva nasceu em Bananeiras, PB, em 1869, e faleceu em João Pessoa em 1933. Foi cantador e poeta de bancada, segundo Francisco das Chagas Batista, seu amigo e principal editor. Publicou *A besta de sete cabeças, A guerra de Canudos, As quatro moças do céu – fé, esperança, caridade e formosura, A rosa branca da castidade*, entre outros.

José Camelo de Melo é paraibano e faleceu em seu estado de origem em 1964. Não temos dados sobre seu nascimento, mas provavelmente nasceu no início do século, pois seu folheto foi publicado por João Martins de Athayde. O poeta escreveu: *As aventuras de um sertanejo generoso, O bárbaro assassinato do presidente João Pessoa, Encontro de dois poetas José Camelo de Melo com Manoel Camilo dos Santos, A verdadeira história de Joãozinho e Mariquinha*.

José da Costa Leite nasceu na cidade de Sapé, PB, em 1927. Desde jovem iniciou-se na xilogravura e já escreveu mais de trezentos folhetos. Há em sua obra a recorrência de alguns eixos temáticos como o cangaço, o diálogo com folhetos clássicos da literatura de cordel, personificação de animais e relacionamentos amorosos. Sua abordagem dos temas é sempre bem-humorada. Dentre sua imensa obra, apontamos: *Debate de Camões com São Saruê, Desafio de São Nunca com João Grilo, Encontro de Pedro Malazarte com João Grilo e Camões, O namoro do minhoco com a minhoca, O periquito de Chiquinha e a rolinha de Jacinta, Peleja de cego Aderaldo com Patativa do Assaré, Peleja de José Costa Leite com Antônio Américo, Peleja de José Alves da Silva com Otacílio Batista, A onça e o bode*.

José Francisco Borges, conhecido como J. Borges, nasceu em Bezerros, PE, em 1935, e até hoje vive na mesma cidade onde tem uma oficina de xilogravura e confecção de folhetos. Além de poeta, consagrou-se como um dos grandes xilógrafos do país, tendo feito exposição de seu trabalho em vários países do mundo. Ilustrou dezenas de folhetos de diferentes poetas populares. Seus folhetos destacam-se ora pelo viés brincalhão, bem-humorado, ora pelo aproveitamento da religiosidade popular. Publicou *As andorinhas da fé ou os ladrões do pé de serra*, *História de Zumbi e o Quilombo de Palmares*, *A mulher que botou o diabo na garrafa*, *A chegada da prostituta no céu*, *Exemplo da cobra que falou sobre a crise e corrupção*, *História de Jesus, o menino e o galo*, *O caminhão e o ataúde*, dentre tantas outras narrativas.

José Francisco Soares nasceu em Campina Grande em 1914 e morreu em Timbaúba, PE, em 1981. Autodenominava-se poeta repórter pelo faro jornalístico que tinha e pela rapidez na divulgação de notícias/acontecimentos de destaque em verso. Uma de suas temáticas preferidas era o futebol. Escreveu: *O futebol no inferno*, *O cego no cinema*, *O Judas que falou*, *A moça que morreu e cão não deixou enterrar*, *A chegada do Santo Papa*, dentre dezenas de outros.

José Soares da Silva, o Dila, nasceu em 1937 em Pirauá, PB. No início da década de 1950, instalou-se em Caruaru. Criou a técnica de entalhar em pedaços de borracha vulcanizada. Trabalhou para os jornais *Vanguarda*, *Agreste* e *Defesa*, confeccionando carimbos e xilogravuras.

Josenir Amorim Alves de Lacerda nasceu em 1953, no Crato, CE, onde reside até hoje. É membro da Academia de Cordelistas do Crato, entidade que mantém a publicação de folhetos nos moldes tradicionais. Publicou: *Saber do povo*, *Gente da gente*, *A paixão de Julita*, *O caçador e a caipora*, *A triste sina de José*, *O valor da devoção*, *De volta ao passado*, dentre outros.

Leandro Gomes de Barros nasceu na cidade de Pombal, na Paraíba, em 1865, e faleceu em Recife, em 1918. Em Recife fundou a sua editora e distribuidora de folhetos, passando a viver das vendas de suas obras e de outros poetas. Leandro Gomes de Barros é reconhecido como o nome de maior expressão na literatura de folhetos. Abordou temas os mais diversos, destacando-se pelo caráter satírico que conferiu a muitos de seus poemas. O poeta destacou-se também na criação de tipos, como *Canção de Fogo,* e pelo modo como retomou o ciclo carolíngio na literatura de cordel. Sua obra influenciou escritores como Ariano Suassuna, que partiu de episódios de folhetos como *O dinheiro (O testamento do cachorro)* e *O cavalo que defecava dinheiro* para elaborar sua obra mais conhecida, *O auto da compadecida*. Dentre os inúmeros folhetos deixados – calcula-se que cerca de 600 – apontamos: *A batalha de Oliveiros e Ferrabrás, A donzela Teodora, A princesa da pedra fina, A vida de Canção de Fogo, O testamento de Canção de Fogo, As proezas de um namorado mofino, Branca de Neve e o soldado guerreiro, Casamento à prestação, Casamento do sapo, Casamento e divórcio da lagartixa, Como se amansa uma sogra, O cachorro dos mortos, O soldado jogador.*

Luis Carlos Rolim de Castro nasceu em Fortaleza, tem intensa participação em projeto de incentivo à leitura de folhetos, principalmente na internet. Publicou, entre outros títulos, *O Povo sem Patativa, O Santo Jesus Agreste, Amazônia não senhor, Reclame de trabalhador, O sonho de Itamar, O mistério do ovo quadrado, No circo da educação – brincando de avaliar, Este é o meu país, Desocupado professor ou deputado, As travessuras do menino mágico de Raquel de Queiroz.*

Manoel Monteiro da Silva nasceu em Bezerros, PE, em 1937. Mudou-se na década de 1950 para Campina Grande, onde reside até hoje. Realiza importante trabalho de divulgação da literatura de cordel nas escolas da região. Tem uma produção vastíssima, abrangendo pelejas, romances, vida de escritores e grandes personagens históricas. Atualmente vem se dedicando a versar para o cordel contos de fadas e fábulas. Dentre sua vasta obra destacamos: *A estória de E.T. o homem de outro mundo, A estória do rei, do* *rato e do gato, Ah! Que saudade danada do sertão de antigamente, A mulher de antigamente, a mulher de hoje em dia, Exaltação à cachaça, O holocausto dos homens nus, O homem do pinto grande ou a verdadeira estória do pinto pelado, Pinóquio ou o preço da mentira, Uma história de amor ou a louca dos caminhos.*

Manuel Pereira Sobrinho nasceu em 1918 no distrito de Passagem, município de Patos, PB, e faleceu em 1995 em São Paulo. Fundou a editora Casa Pereira, em conjunto com Manoel d'Almeida Filho e Francisco Sales Areda, que funcionou em Campina Grande até 1956. Publicou, entre outras obras, os folhetos *Os martírios de Jorge e Carolina, O castelo do homem sem alma, O casamento do calango com a lagartixa, Coco verde e melancia, A escrava do amor, A escrava do destino, O filho de Ali-Ba-Bá.*

Marcelo Soares nasceu em Olinda, Pernambuco, em 1953. Filho do poeta José Soares, herdou do pai a poesia, mas se tornou importante xilogravurista também. Ministra oficinas de xilogravuras e literatura de cordel. Escreveu dezenas de folhetos, dentre os quais destacamos: *O feitiço do Viagra na vida dos brasileiros, Os vários tipos de bunda que abundam no Brasil, Verde Gaio: o louro bisbilhoteiro, A loura do banheiro, O marido que rifou a mulher na feira da sulanca, A bela história de amor de João Besta e a Jia.*

Maria Godelivie Cavalcante de Oliveira nasceu em Campina Grande em 1959. Trata-se de uma das mais importantes poetisas do cordel contemporâneo. Seus folhetos retomam, muitas vezes, relatos antigos, contados por sua mãe. O caráter bem-humorado é uma das características de seus folhetos. Escreveu mais de uma dezena de folhetos e tem outros ainda inéditos. Foram publicados: *O gostosão, A ganância do chifrudo, A vingança da falecida, O doidinho bem dotado ou o tesão de Filomena, Chifre com chifre se paga, Viagem à Santa Vontade,* dentre outros.

Minelvino Francisco da Silva, poeta popular e xilógrafo, nasceu em Jacobina, BA, em 1926, e faleceu na mesma cidade em 1999. Tem uma vasta produção, da qual destacamos: *A mulher de sete metros que apareceu em Itabuna na Bahia, Antônio Conselheiro e a Guerra de Canudos, Debate de Lampião com São Miguel* e *Os sofrimentos dos mendigos da Lapa do Bom Jesus*.

Patativa do Assaré é o nome artístico de Antônio Gonçalves da Silva. O poeta nasceu em 1909 na Serra de Santana, município de Assaré, CE, e faleceu em 2002. Patativa publicou sua obra praticamente toda em livros e não em folhetos, como muitos poetas contemporâneos seus. Conhecemos apenas dois folhetos do poeta: *Motes e glosas*, em parceria com Geraldo G. de Alencar, e *Encontro de Patativa do Assaré com a alma de Zé Limeira o poeta do absurdo*. O poeta sabia de memória praticamente toda sua poesia – seu modo de construção do poema não se dava pela via escrita, mas pela elaboração mental, conforme depoimento que tivemos oportunidade de ouvir do próprio poeta. Sua poesia alia uma abordagem social e bem-humorada da condição social do homem rural nordestino pobre. Há em sua obra uma observação atenta e sensível da natureza – não apenas o sertão seco, mas também o sertão no tempo de "inverno", que no Nordeste corresponde à estação das águas. Do ponto de vista da forma, foi um hábil versejador, dominando tanto a redondilha maior quanto o decassílabo. Também cultivou diferentes modelos de estrofes, não ficando, portanto, restrito à sextilha ou à quadra. O poeta publicou: *Cante lá que eu canto cá, Inspiração nordestina, Ispinho e fulo* e *Aqui tem coisa*. Inúmeras antologias de seus poemas vêm sendo publicadas.

Paulo de Tarso Bezerra Gomes vive em Pacatuba, CE, onde realiza oficinas de cordel em escolas do município. Publicou pela Editora Ribeiro, Fortaleza, o cordel *Batalha do Jenipapo*.

Rodolfo Coelho Cavalcante nasceu em Alagoas (1919) e faleceu em Salvador (1986). Além de importante obra, destacou-se pela sua militância em favor dos poetas populares. Promoveu em 1950 o 1º Congresso Nacional de Trovadores e Violeiros e fundou alguns periódicos como *A Voz do Trovador, O Trovador, Brasil-Poético* (ALMEIDA E SOBRINHO, 1978, p. 109). Além dos inúmeros ABCs que escreveu, legou-nos também *A origem da literatura de cordel e sua expressão de cultura nas letras de nosso país, Antônio Conselheiro o santo guerreiro do Canudos, O boi que falou no Piauí, Tudo na terra tem fim, Gregório de Matos Guerra – o pai dos poetas brasileiros, Paulista que virou tatu viajando pelo metrô.*

Sebastião Chicute nasceu em Aratuba, CE, em 1934, e reside desde 1970 em Capistrano. Desde cedo passou a dedicar-se à literatura de cordel. Além de cordelista, é mestre de reisado. Publicou, dentre outros folhetos: *O jumento é nosso irmão, A história de Padre Cícero de Juazeiro do Norte, O debate de São Pedro com Simão, o mágico, A decapitação de São João Batista, Peleja de José Lima com Sebastião Chicute* e *Cordel dos passarinhos.*

Silvino Pirauá de Lima era cantador e poeta popular, pernambucano de Bezerros. Foi o introdutor da sextilha na cantoria, segundo Almeida e Sobrinho (1978, p. 164). Foi autor da peleja *A primeira peleja de Romano do Teixeira com Inácio da Catingueira.*

Zé Vicente é um pseudônimo de Lindolfo Mesquita, poeta paraense, nascido em 1898 e falecido em 1975. A sua poesia é marcada por um tom social, como se vê na *Greve dos bichos*, bem como a abordagem das questões da época em que viveu, como a guerra e o governo de Getúlio Vargas. Deixou-nos inúmeros folhetos, todos de grande qualidade musical e caráter paródico: *O afundamento do cruzador alemão "GraffSpee", Agora sou revoltoso, Alemanha comendo fogo, A batalha da Alemanha contra a Rússia, O fim da guerra, O Japão vai se estrepar, O macaco revoltoso, A neta do Cancão de Fogo.*

REFERÊNCIAS

a) Antologias e obras de cordel

ACCIOLY, Marcus. *Guriatã*: um cordel para menino. 3. ed. São Paulo: Melhoramentos, 1988.

ASSARÉ, Patativa. *Cante lá que eu canto cá*. 3 .ed. Petrópolis/Crato: Vozes/Fundação Pe. Ibiapina e Instituto Cultural do Cariri, 1980.

_____. A*qui tem coisa*. 2. ed. Fortaleza: UECE/RCV Editoração e Artes Gráficas, 1995.

_____. *Inspiração nordestina*. Fortaleza, 1999.

BANDEIRA, Pedro. *Malasaventuras*: safadezas do Malasartes. 15. ed. São Paulo: Moderna, 1996.

BARROS, L. G.; ROSINHA (Org.). *Juvenal e o dragão*. Ilustração de Rosinha. Porto Alegre: Projeto, 2011.

CARVALHO, Gilmar de (Introd. e sel.). *Manoel Caboclo*. São Paulo: Hedra, 2000. (Biblioteca de Cordel.)

COSTA, Gutemberg. *Dicionário de poetas populares cordelistas*. Mossoró. Ed. Quima-Bucha, 2004.

CURRAN, Mark J. (Introd. e sel.). *Cuíca de Santo Amaro*: controvérsia no cordel. São Paulo: Hedra, 2000. (Biblioteca de Cordel.)

DEBS, Sylvie (Introd. e sel.). *Patativa do Assaré*: uma voz do Nordeste. São Paulo: Hedra, 2000. (Biblioteca de Cordel.)

DUARTE, Manuel Florentino; PACHECO, José; LEITE, José Soares da Costa. *Literatura de cordel*: antologia. São Paulo: Global, s.d., v. 1.

KUNZ, Martine (Introd. e sel.). *Expedito Sebastião da Silva*. São Paulo: Hedra, 2000. (Biblioteca de Cordel.)

LIMA, Stélio Torquato (Adap.). *Obras-primas da literatura universal em cordel*. Mossoró: Editora Queima-Bucha, s.d.

LOPES, José de Ribamar. *Literatura de cordel*: antologia. 2. ed. Fortaleza: BNB, 1982.

MACHADO, Ana Maria. *A peleja*. 24. ed. Rio de Janeiro: Berlendis & Vertecchia, 1994.

MAIOR, Mário Souto (Introd. e sel.). *João Martins de Athayde*. São Paulo: Hedra, 2000. (Biblioteca de Cordel)

MATOS, Edilene (Introd. e sel.). *Minelvino Francisco Silva*. São Paulo: Hedra, 2000. (Biblioteca de Cordel.)

MEDEIROS, Irani. *No reino da poesia sertaneja*: antologia de Leandro Gomes de Barros. João Pessoa: Ideia, 2002.

MOTA, Leonardo. *Violeiros do Norte*: poesia e linguagem do sertão cearense. 4. ed. Rio de Janeiro: Cátedra-MEC, 1976.

ORTHOF, Sylvia. *Cordel adolescente, ó xente!* São Paulo: Quinteto Editorial, 1996.

PROENÇA, Manoel Cavalcanti (Sel., introd. e com.). *Literatura popular em verso*: antologia. Belo Horizonte/São Paulo/Rio de Janeiro: Itatiaia/EDUSP/Fundação Casa de Rui Barbosa, 1986.

ROSINHA (Adap. do folheto de Leandro Gomes de Barros). *Juvenal e o dragão*. Porto Alegre: Projeto Editora, 2011.

SALLES, Vicente (Introd. e notas) *Zé Vicente poeta popular paraense*. São Paulo: Hedra, 2000. (Biblioteca de Cordel.)

TAVARES, Bráulio. *A pedra do meio-dia ou Artur e Isadora*. Ilustração de Cecília Esteves. São Paulo: Editora 34, 1998.

TEJO, Orlando. *Zé Limeira poeta do absurdo*. Rio de Janeiro: Caliban, 2008.

WANKE, Eno Theodoro (Introd. e notas). *Rodolfo Cavalcanti*. São Paulo: Hedra, 2000. (Biblioteca de Cordel)

b) Leituras teóricas e estudos

ABREU, Márcia. *História de cordéis e folhetos*. Campinas: Mercado de Letras, 1999.

ALMEIDA, Átila Augusto F. de; SOBRINHO, José Alves. *Dicionário biobibliográfico de repentistas e poetas populares*. João Pessoa: Editora da UFPB, 1978.

ALMEIDA, William Barbosa de. *Folhetos*: a literatura de cordel do Nordeste brasileiro. 1979. Dissertação (Mestrado) – Departamento de Ciências Sociais, Faculdade de Filosofia, Letras e Ciências Humanas. USP, São Paulo.

ANDRADE, Cláudio H. Sales. *Patativa do Assaré*: as razões da emoção (capítulos de uma poética sertaneja). São Paulo/Fortaleza: Nankin Editorial/Editora da UFC, 2003.

AYALA, Maria Ignez Novais. *No arranco do grito*: aspectos da cantoria nordestina. São Paulo: Ática, 1988.

_____; AYALA, Marcos. *Cocos*: alegria e devoção. Natal: EDUFRN, 2000.

BATISTA, Sebastião Nunes. *Poética popular no Nordeste*. Rio de Janeiro: Fundação Casa de Rui Barbosa, 1982.

BORDINI, Maria da Glória. Metodologia e ensino em literatura. *Caderno CEDES*, São Paulo: Cortez, n. 14, 1985.

_____; AGUIAR, Vera Teixeira de. *Literatura*: a formação do leitor: alternativas metodológicas. Porto Alegre: Mercado Aberto, 1988.

_____ (Coord.). *Guia de leitura para alunos de 1º e 2º graus*. São Paulo/Brasília/Porto Alegre: Cortez/INEP, MEC/CPS, PUC-RS, 1989.

BOSI, Alfredo. *Dialética da colonização*. São Paulo: Companhia das Letras, 1992.

BUSS, Alcides. *A poesia do ABC*. 4. ed. Ilustração de Leonardo M. B. Gomes. Porto Alegre: Mercado Aberto, 1994.

CABRAL, Tomé. *Novo dicionário de termos e expressões populares*. Fortaleza: Editora da UFC, 1982.

CASCUDO, Luís da Câmara. *Literatura oral no Brasil*. 3. ed. Belo Horizonte: Itatiaia, 1984.

CURRAN, Mark. *História do Brasil em cordel*. São Paulo: EDUSP, 1998.

CURTIUS, Ernst Robert. *Literatura europeia e Idade Média latina*. Tradução de Paulo Rónai e Teodoro Cabral. São Paulo: EDUSP/HUCITEC, 1996.

DANTAS, José Maria de Souza. *Didática na literatura*: proposta de trabalho e soluções possíveis. Rio de Janeiro: Forense-Universitária, 1982.

DOLZ, Joaquim; NOVERRAZ, Michèle; SCHNEUWLY, Bernard. Sequências didáticas para o oral e a escrita: apresentação de um procedimento. In: SCHNEUWLY, B. et al. *Gêneros orais e escritos na escola*. Tradução e organização: Roxane Rojo e Glaís Sales Cordeiro. Campinas: Mercado de Letras, 2004. p. 95-128.

D'ONOFRIO, Salvatore. *Literatura ocidental*: autores e obras fundamentais. São Paulo: Ática, 1990.

EVARISTO, Marcela Cristina. O cordel na sala de aula. In: BRANDÃO, H. Nagamine (Coord.). *Gêneros do discurso na escola*. São Paulo: Cortez, 2000.

FARIAS, Alyere Silva. Criação e recriação de um pavão misterioso. *Leia-Escola*, Revista da Pós-Graduação em Linguagem e Ensino da UFCG, Campina Grande, ano 1, v. 9, 2009.

FERREIRA, Jerusa Pires. *Armadilhas da memória e outros ensaios*. São Paulo: Ateliê Editorial, 2003.

FREIRE, Paulo. *Pedagogia da autonomia:* saberes necessários à prática educativa. 9. ed. Rio de Janeiro: Paz e Terra, 1998. (Coleção Leitura.)

KHÉDE, Sonia Salomão. *Personagens da literatura infantojuvenil*. 2. ed. São Paulo: Ática, 1990. (Série Princípios.)

KUNZ, Martine. Carlos Magno Sertanejo. In: _____ *Cordel*: a voz do verso. Fortaleza: Museu do Ceará/Secretaria da Cultura e Desporto do Ceará, 2001.

LONDRES, Maria José F. *Cordel:* do encantamento às histórias de luta. São Paulo: Duas Cidades, 1983.

LUYTEN, Joseph M. *O que é literatura popular*. São Paulo: Brasiliense, 1983.

MACHADO, Ana Maria. *História meio ao contrário*. 23. ed. São Paulo: Ática, 1999.

MELO, Rosilene Alves de. *Arcanos do verso*: trajetórias da literatura de cordel. Rio de Janeiro: 7 Letras, 2010

MESERANI, Samir. *O intertexto escolar:* sobre leitura, aula e redação. 2. ed. São Paulo: Cortez, 1998.

MORAES, Vinicius de. *A arca de Noé*. Ilustração de Laurabeatriz. São Paulo: Companhia das Letras, 1998.

MURALHA, Sidónio. *A televisão da bicharada*. São Paulo: Global, 1997.

_____. *A dança dos pica-paus*. São Paulo: Global,1998.

PAES, José Paulo. *Uma letra puxa a outra*. Ilustração de Kiko Farkas. São Paulo: Companhia das Letrinhas, 1992.

_____. *Olha o bicho*. Ilustração de Rubens Matuk. São Paulo: Ática, 1998.

PELLEGRINO, Hélio. *A burrice do demônio*. Rio de Janeiro: Rocco, 1988.

PIMENTEL, Altimar. Francisco Chagas Batista e a tradição poética do Teixeira. In: BATISTA, Maria de Fátima B. de M. et al. (Org.). *Estudos em literatura popular*. João Pessoa: Editora da UFPB, 2004.

PINHEIRO, Hélder (Org.). *Poemas para crianças*. São Paulo: Duas Cidades, 2000.

_____. *Poesia na sala de aula*. 3. ed. Campina Grande: Bagagem, 2007.

QUINTANA, Mário. *O batalhão das letras*. 4. ed. Ilustração de Eva Furnari. São Paulo: Globo, 1976.

RAMOS, Graciliano. *Viventes das Alagoas:* quadros e costumes do Nordeste. 6. ed. Ilustração de Emanoel Araújo. Rio de Janeiro/São Paulo: Record/Martins Fontes, 1976.

RAYS, Oswaldo Alonso. A questão da metodologia do ensino na didática escolar. In: VEIGA, Ilma Passos Alencastro (Coord.). *Repensando a didática*. Campinas: Papirus, 1996.

RESENDE, Vânia Maria. *Literatura infantil e juvenil:* vivências de leitura e expressão criadora. São Paulo: Saraiva, 1993.

RIBEIRO, LêdaTâmega. *Mito e poesia popular*. Rio de Janeiro: FUNARTE/Instituto Nacional do Folclore, 1986.

RYNGAERT, Jean-Pierre. *O jogo dramático no meio escolar*. Coimbra: Centelha, 1981.

SALLES, Vicente (Introd. e sel. de textos). *Zé Vicente:* poeta popular paraense. São Paulo: Hedra, 2000. (Biblioteca de Cordel.)

SANT'ANNA, Affonso Romano. *Paródia, paráfrase e cia*. São Paulo: Ática, 1985. (Série Princípios.)

SANT'ANNA, Ilza Martins; MENEGOLLA, Maximiliano. *Didática:* aprender a ensinar. 5. ed. São Paulo: Loyola, 1997. (Coleção Escola e Participação)

SHAW, Harry. *Dicionário de termos literários*. 2. ed. Tradução Cardigos dos Reis. Lisboa: Publicações Dom Quixote, 1982.

TERRA, Ruth Brito Lemos. *Memória de lutas*: literatura de folhetos do Nordeste (1893 a 1930). São Paulo: Global, 1983.

VALENTE, Valdemar. João Martins de Athayde: um depoimento. *Revista Pernambucana de Folclore*, Recife, maio/ago. 1976.

WEISS, Luise. *Brinquedos & engenhocas:* atividades lúdicas com sucata. São Paulo: Scipione, 1989. v. 8. (Série Pensamento e Ação no Magistério.)

c) Folhetos e poemas citados

A primeira peleja de Romano do Teixeira com Inácio da Catingueira. Silvino Pirauá de Lima, Patos, s.d.

A prisão de Oliveiros. Leandro Gomes de Barros, sl, sd. 48 p.

A greve dos bichos. In: Zé Vicente. São Paulo: Hedra, 2000. (Biblioteca de Cordel)

A intriga do cachorro com o gato. José Pacheco. São Paulo: Luzeiro, s.d.

A festa dos cachorros. José Pacheco, s.d.

A fábula do peru – num recado à humanidade. Josenir Amorim Alves de Lacerda, Crato, CE, s.d.

As diabruras do homem no país da bicharada. Vidal Santos. Fortaleza: Tupynanquim, 2000.

As proezas de João Grilo, João Ferreira de Lima. s.d.

As proezas de João Grilo Neto. Antônio Lucena, Campina Grande: Cordelaria Manoel Monteiro, 2003.

A chegada da prostituta no céu. J. Borges, São Paulo: Hedra, 2007.

As flô de Puxinanã. Zé da Luz, Campina Grande: Cordelaria Poeta Manoel Monteiro, 2003.

As diabruras de Pedro Malasartes. Expedito Sebastião da Silva, s.d.

Aladim e a princesa de Bagdá. João José da Silva, s.d.

A seca no Ceará. Leandro Gomes de Barros. In: MEDEIROS, Irani (Org.). *Noreino da poesia sertaneja*. João Pessoa: Ideia, 2002.

A chegada de Lampião no inferno. José Pacheco da Rocha. In: BATISTA, Sebastião Nunes. *Antologia da literatura de cordel*. Fundação José Augusto, 1977.

A prisão de Oliveiros e seus companheiros. Leandro Gomes de Barros, s.d. 46 p.

A morte dos 12 pares de França. Marcos Sampaio, Juazeiro do Norte: Tipografia São Francisco, 1975.

A escrava Isaura. Apolônio Alves dos Santos.

A triste sorte de Jovelina. Sátiro Xavier Brandão, São Paulo: Luzeiro, s.d.

A batalha de Oliveiros e Ferrabrás. Leandro Gomes de Barros. In: MEDEIROS, Irani (Org.). *No reino da poesia sertaneja*. João Pessoa: Ideia, 2002.

A onça e o bode. José Costa Leite. Timbaúba: Folhetaria Cordel, 2011.

ABC da cachaça. Apolônio Alves dos Santos. 3.ed. Campina Grande, 1993.

ABC dos namorados. Rodolfo Coelho Cavalcante. São Paulo: Luzeiro, s.d.

ABC dos tubarões. Minelvino Francisco da Silva. In: PROENÇA, Manuel Cavalcanti (Org.). *Literatura popular em verso*: antologia. Belo Horizonte: Itatiaia, 1986.

O amor no escuro ou O cego e a dama da noite. Maria Godelivie, Campina Grande: Cordelaria Poeta Manoel Monteiro, s.d.

A morte de Dom Hélder e sua chegada no céu. Paulo de Tarso, Fortaleza, 1999.

A morte de Nanã. Patativa do Assaré. In: _____. *Cante lá que eu canto cá*. Petrópolis/Crato: Vozes/Fundação Pe. Ibiapina e Instituto Cultural do Cariri, 1980.

A cigarra e a formiga. Manoel Monteiro, Campina Grande: Cordelaria Poeta Manoel Monteiro, 2010.

A muié qui mais amei. Patativa do Assaré. In: _____. *Cante lá que eu canto cá*. Petrópolis/Crato: Vozes/Fundação Pe. Ibiapina e Instituto Cultural do Cariri, 1980.

Branca de neve e o soldado guerreiro. Leandro Gomes de Barros, Juazeiro, 1978.

Cada um no seu lugar. Patativa do Assaré. In: _____. *Cante lá que eu canto cá*. Petrópolis/Crato: Vozes/ Fundação Pe. Ibiapina e Instituto Cultural do Cariri, 1980.

Chapeuzinho Vermelho: versão versejada. Manoel Monteiro, Campina Grande, *Coco verde e melancia*. José Camelo de Melo Resende. Juazeiro do Norte: Tipografia São Francisco, 1976.

História da escrava Isaura. Silvino Pereira da Silva. In: LONDRES, Maria José F. *Cordel*: do encantamento às histórias de luta. São Paulo: Duas Cidades, 1978.

História do valente Zé Garcia. João Melquíades Ferreira da Silva. s.d. 40 p.

História de Mariquinha e José de Souza Leão. João Ferreira de Lima, São Paulo: Prelúdio, 1953. 32 p.

História da princesa da Pedra Fina. Leandro Gomes de Barros, s.l, s.d., 35 p.

História de Juvenal e o Dragão. Leandro Gomes de Barros, Juazeiro do Norte, 1974. 34 p.

História da escrava Isaura. Silvino Pereira da Silva. Guarabira, PB, s.d.

Juvenal e dragão. Leandro Gomes de Barros, Campina Grande: Cordelaria Manoel Monteiro, s.d., 34 p.

Jacinto e Emeraldina. José Costa Leite, Condado: s.d.

Menino de engenho. José Lins do Rego. Fortaleza: Lucarocas, s.d.

Motes e glosas. Geraldo de Alencar e Patativa do Assaré, s.d.

Narciso e Iracema. José Costa Leite, Condado, s.d.

No tempo em que os bichos falavam. José Francisco Borges, Recife: Casa das Crianças de Olinda, 1977.

No tempo em que os bichos falavam; O casamento do calango com a lagartixa. Manuel Pereira Sobrinho, São Paulo: Prelúdio, 1959.

O romance do homem que enganou a morte no reino da mocidade. Olegário Fernandes da Silva.

O romance do pavão misterioso. José Camelo de Melo Resende. Fortaleza: Tupynanquim Editora, 2005.

Origem da literatura de cordel e sua expressão de cultura nas letras de nosso país. Rodolfo Coelho Cavalcante, São Paulo: Hedra, 2000. (Biblioteca de Cordel)

Os mestres da literatura de cordel. Antônio Américo de Medeiros, Recife: Coqueiro, 1999.

O cavalo que defecava dinheiro. Leandro Gomes de Barros, Campina Grande: Cordelaria Poeta Manoel Monteiro, 2009.

O príncipe Roldão e Lídia. José Costa Leite, Condado: A voz da poesia nordestina, s.d.

O rouxinol encantado. Manuel Pereira Sobrinho, s.d.

O desafio entre o canário e o bem-te-vi. Maria Luciene, Fortaleza, s.d.

O cego namorador. Marcelo Soares. Timbaúba: Folhetaria Cordel, 2007.

O cego no cinema. José Soares, Timbaúba: Folhetaria Cordel, 1974.

O forró da bicharada. Apolônio Alves dos Santos. Rio de Janeiro, s.d.

O sabiá da palmeira. Antonio Lucena. Campina Grande, 2003.

O divórcio da cachorra. Arievaldo Lima e Klévisson Viana, Fortaleza: Tupynanquim, 2000.

O gato de botas. Manoel Monteiro, Campina Grande: Cordelaria Poeta Manoel Monteiro, 2009.

O gato de botas e o marquês de Carabás. Severino Borges, Recife, s.d.

O marco brasileiro. Leandro Gomes de Barros. In: MEDEIROS, Irani (Org.). *No reino da poesia sertaneja.* João Pessoa: Ideia, 2002.

O marco do meio do mundo. João Martins de Athayde.

O marco do Sabugi. Antônio Américo Medeiros, Natal: Fundação José Augusto/Centro de Estudos e Pesquisas Juvenal Lamartine, 2000.

O marco feito a machado nordestino. FranklinMachado.

O marco paraibano. José Adão Filho.

O quengo de Pedro Malasartes no fazendeiro. João Damasceno Nobre, São Paulo: Luzeiro, s.d.

O encontro de Cancão de Fogo com João Grilo. Gonçalo Ferreira da Silva, s.d.

Os aventureiros da sorte. José Costa Leite, Condado. s.d.

Os martírios de Jorge e Carolina. João Martins de Athayde, Recife, 1947.

Peleja de Manoel Riachão com o diabo. Leandro Gomes de Barros, São Paulo: Luzeiro, s.d.

Presepadas de Pedro Malasartes. Francisco Sales Arêda. Recife, s.d.

Peleja de Cego Aderaldo com Zé Pretinho do Tucum. Firmino Teixeira do Amaral. Juazeiro: Edição Especial para o Grande Festival de Cultura Popular da UECE, 1992.

O romance do pavão misterioso. João Melquíades da Silva. In: PROENÇA, Manoel Cavalcanti (Sel. introd. e com.). *Literatura popular em verso:* antologia. Belo Horizonte/São Paulo/Rio de Janeiro: Itatiaia/EDUSP/Fundação Casa de Rui Barbosa, 1986.

Rogaciano e Doroteia. José Costa Leite, Condado: A voz da poesia nordestina, 32 p.

Roldão no Leão de Ouro. João Melquíades Ferreira. Juazeiro do Norte, 1975. 40 p.

Romance do Conde de Monte-Cristo. José Costa Leite. In: LONDRES, Maria José F. *Cordel*: do encantamento às histórias de luta. São Paulo: Duas Cidades, 1978.

Romance de João de Calais. José Bernardino da Silva, Juazeiro do Norte. s.d.

Romeu e Julieta e *Iracema.* João Martins de Athayde, s.d.

Romeu e Julieta. Maria Ilza Bezerra, São Paulo: Luzeiro, s.d.

Romeu e Julieta em cordel. Adaptação de Stélio Torquato. Mossoró: Editora Queima-Bucha, s.d., v. 8. (Coleção Obras-Primas Universais em Cordel.)

Quer escrever um cordel? Aprenda a fazer fazendo. Campina Grande: Cordelaria Poeta Manuel Monteiro, 2005.

Sertão, folclore e cordel. José Costa Leite, PE, s.d.

Tereza Batista cansada de guerra. Rodolfo Coelho Cavalcanti.

Uma viagem à lua. Antônio da Mulatinha. Campina Grande, 2004.

Uma tragédia de amor ou a louca dos caminhos. Manoel Monteiro, 3.ed. Campina Grande: Cordelaria Poeta Manoel Monteiro, 2008.

Vida e testamento de Cancão de Fogo. Leandro Gomes de Barros, São Paulo: Luzeiro, s.d.

Viagem a São Saruê. Manuel Camilo dos Santos, João Pessoa, 1978.

Viagem ao céu. Leandro Gomes de Barros, Timbaúba: Folhetaria Cordel, 2010.

Verde-Gaio: o louro bisbilhoteiro. Marcelo Soares, Timbaúba: Folhetaria Cordel, 2006.

Viagem à Santa Vontade. Maria Godelivie, Campina Grande: Cordelaria Poeta Manoel Monteiro, 2008.

Zezinho e Mariquinha. Silvino Pirauá, São Paulo: Luzeiro, 1974. 32 p.

d) Discografia

Mestre Ambrósio. Produção de Lenine, Suzano e Denílson. Videolar Multimídia Ltda.

Madeira que cupim não rói. Antônio Nóbrega. São Paulo, jul./ago. 1997.

Violas e repentistas: V Congresso Nacional de Violeiros. Discos Marcos Pereira.

Mulheres no repente: Minervina Ferreira e Mocinha da Passira. Produção de CPC/UMES, 1999.

No meu sertão: Zé Laurentino e Chico Pedrosa. Campina Grande, 2000.

Patativa do Assaré: 80 anos de poesia. Fortaleza: Secretaria da Cultura e Desporto do Ceará.

A arte da cantoria: ciclo do padre Cícero. Acervo FUNARTE da Música Brasileira, n. 46. (Coleção Musical Itaú Cultural.)

A arte da cantoria: cangaço. Acervo FUNARTE da Música Brasileira, n. 39. (Coleção Musical Itaú Cultural.)

Louro Branco e Valdir Teles. Série Grandes Repentistas do Nordeste – Cantoria de Viola. Pequizeiro Produções Artísticas. Vendas e pedidos: 11. 3274.6900. Fax 3274. 6925.

Zé Viola e Chico Galvão, João Bernardo e José Milson Ferreira. Série Grandes Repentistas do Nordeste – Cantoria de Viola. Pequizeiro Produções Artísticas. Vendas e pedidos: 11. 3274.6900 Fax 3274.6925.

Estória de João e Joana: cordel musical de Carlos Drummond de Andrade e Sérgio Ricardo. Rio de Janeiro: Trinca produções artísticas. Disco de vinil.

O boi zebu e as formigas. Forró Mastruz com Leite. Poema de Patativa do Assaré. Gravadora Sony Music.

Da lama ao caos. Chico Science e Nação Zumbi. Produção de Liminha. Gravadora Sony Music.

O baile perfumado. Trilha sonora do filme de Paulo Caldas e Lírio Ferreira. Direção musical de Paulo Rafael. Gravadora Sony Music.

Cuscuz clã. Chico César. PolyGram.

O forró do ABC. Morais Moreira. Coletânea Bis.

O marco do meio-dia. Antônio Nóbrega. Eldorado, 2001.

e) Onde encontrar folhetos
1. Cordelaria Poeta Manoel Monteiro
Rua Vigário Virgínio, 52 – Santo Antônio
CEP: 58103-340 – Campina Grande, PB

2. Editora Queima-Bucha
Rua Jerônimo Rosado, 271 – Centro
CEP: 58610-020 – Mossoró, RN

3. Editora Tupynanquim
Rua Silva Jatahy, 15, sala 304 – Meireles
CEP: 60165-070 – Fortaleza, Ceará

4. J. Borges
Av. Major Aprígio da Fonseca, 420
CEP: 55660-000 – Bezerros, PE

5. Folhetaria Cordel
Rua João Samuel da Costa, 13
CEP: 55870-000 – Timbaúba, PE
<marcelosoares.org>

6. Poeta Sebastião Chicute
Rua Cel. Francisco Nunes, 13
CEP: 62748-000 – Capistrano, CE

7. Poeta Antônio Américo de Medeiros
Box Santo Antônio, 267 – Mercado Central
CEP: 58700-120 – Patos, PB

8. Editora Coqueiro
Rua Guaianazes, 521 – Campo Grande
CEP: 52031-300 – Recife, PE

9. Academia dos Cordelistas do Crato/Josenir Lacerda
Rua José Carvalho, 168
CEP: 63100-020 – Crato, CE

10. Academia Brasileira de Literatura de Cordel
Estrada Leopoldo Fróes, 37 – Santa Teresa
CEP: 24360-005 – Rio de Janeiro, RJ
<www.ablc.com.br>

11. Poetisa Maria Godelivie
Rua Joana D'Arc, 746 – José Pinheiro
CEP: 58104-110 – Campina Grande, PB

12. Folhetaria Campos de Versos
Rua Mario Campelo, 171/204 – Várzea
CEP: 50741-430 – Recife, PE

f) Sites e blogs

Academia Brasileira de Literatura de Cordel
http://www.ablc.com.br/historia/hist_cordelistas.htm

Acervo Maria Alice Amorim
Fundação Joaquim Nabuco – Recife – PE
http://www.cibertecadecordel.com.br/

Cordel do Brasil
http://www.cordeldobrasil.com.br/

Fundação Casa de Rui Barbosa
http://www.casaruibarbosa.gov.br/

Teatro de cordel
http://www.teatrodecordel.com.br/

Folheto de cordel
http://folhetodecordel.com.br/

Editora Luzeiro
http://editoraluzeiro.com.br/

José Medeiros Lacerda
http://www.cordelnarua.recantodasletras.com.br/index.php

Varneci Nascimento
http://www.varnecicordel.blogspot.com/
http://fotolog.terra.com.br/varnecicordel

Aricvaldo Viana
http://fotolog.terra.com.br/acorda_cordel

Antonio Barreto
http://www.portaldocordel.com.br/

Rouxinol do Rinaré
http://fotolog.terra.com.br/rinare

Helvia Callou
http://www.helviacallou.com.br/

http://www.helviacallou.com.br/blog/

Erica Montenegro
http://ericamontenegrocordelista.blogspot.com/

Marcos Mairton
http://www.mundocordel.com/

Dalinha Catunda e Rosário Pinto
http://cordeldesaia.blogspot.com/

COLEÇÃO TRABALHANDO COM ... NA ESCOLA

A Coleção *Trabalhando com... na escola* tem como principal objetivo fornecer um material diversificado, atualizado e inovador para os professores do ensino fundamental e médio.

Iniciando-se com objetos de ensino de Língua Portuguesa, cada volume da coleção tem o objetivo de trabalhar com **temas, práticas e/ou objetos de ensino**, oferecendo sugestões metodológicas sobre como trabalhar com eles em sala de aula. As sugestões metodológicas devem ser suficientemente exemplificadoras para que o professor tenha acesso a uma proposta de trabalho que não se restrinja a apenas uma série e para que seja possível mostrar a complexidade inerente de cada tema/prática/objeto de ensino selecionado.

As **sugestões metodológicas** produzidas em cada volume constituem o "coração" da coleção, mas seus volumes também apresentam teorias e/ou conceitos de forma econômica e clara, com o objetivo de ilustrar como o trabalho prático na sala de aula não prescinde de conhecimento téorico e como o conhecimento teórico pode (e deve) iluminar e fomentar práticas didáticas concretas e cotidianas relativas às reflexões sobre a linguagem.

Outra característica da coleção é o pressuposto, que deve guiar todos os volumes, de que **o trabalho de construção do co-**

nhecimento sobre determinado tema/prática/objeto de ensino não pode prescindir de um trabalho com/sobre a linguagem. Nesse sentido, um ponto fundamental da coleção é a centralidade do trabalho com/sobre a linguagem no processo de formação de professores de todas as áreas.

O público-alvo dessa coleção são principalmente pedagogos, professores de língua portuguesa e de literatura, mas também todos os educadores e professores de outras áreas que reconhecem a importância de materiais que relacionem teoria e prática de modo significativo e que necessitem desenvolver nos alunos variadas competências e habilidades nos diferentes tempos e espaços de seu percurso de letramento nos diferentes níveis de ensino. Assim, pressupõe-se que os educadores de todas as áreas encontrem nos volumes da coleção:

a) Uma compreensão mais prática dos pressupostos teóricos presentes nos documentos oficiais que resultam das políticas públicas de ensino elaboradas pelo MEC e pelas Secretarias de Educação, nos níveis estadual e municipal.

b) Propostas e sugestões metodológicas elaboradas por especialistas em determinados temas e/ou objetos de estudo.

Acreditamos que a Coleção *Trabalhando com... na escola* está desenhada de forma a contribuir concretamente tanto para a contínua formação dos professores como para o estabelecimento de um diálogo mais próximo entre os saberes dos professores das universidades e os saberes dos professores de ensino fundamental e médio das escolas brasileiras.

Anna Christina Bentes
Coordenadora da Coleção
Trabalhando com... na escola